ABHANDLUNGEN
DER AKADEMIE DER WISSENSCHAFTEN DER DDR
Abteilung Veröffentlichungen der Wissenschaftlichen Räte

Jahrgang 1975 · Nr. W 2

Die Verantwortung der Rechtswissenschaft für die Ausarbeitung von Lehrbüchern und für die Rechtssetzung

Materialien des Rates für staats- und rechtswissenschaftliche Forschungen an der Akademie der Wissenschaften der DDR

AKADEMIE-VERLAG · BERLIN · 1976

Herausgegeben im Auftrage des Präsidenten
der Akademie der Wissenschaften der DDR
von Vizepräsident Prof. Dr. Heinrich Scheel

Verantwortlich für dieses Heft:
Prof. Dr. Gerhard Schüßler
Vorsitzender des Rates für staats- und rechtswissenschaftliche Forschung
an der Akademie der Wissenschaften der DDR

Redaktionsschluß: 1. 2. 1975
Erschienen im Akademie-Verlag, 108 Berlin, Leipziger Str. 3—4

Lizenznummer: 202 · 100/272/75
Gesamtherstellung: VEB Druckhaus „Maxim Gorki“, Altenburg
Bestellnummer: 752 8478 (2001/75/2/W) · LSV 0425
Printed in GDR
EVP 3,50

VORBEMERKUNG

Dem Rat für staats- und rechtswissenschaftliche Forschung an der Akademie der Wissenschaften der DDR wurden bedeutsame Aufgaben für die Gestaltung und Erhöhung der Effektivität der rechtswissenschaftlichen Forschung übertragen.
In Verwirklichung seiner Aufgaben als Zentrum der Koordination der Forschungsarbeit und des wissenschaftlichen Meinungsaustausches, ist es das Anliegen dieses Rates, die wesentlichsten theoretischen Ergebnisse der Ratsarbeit im Rahmen der Abhandlungen der Akademie der Wisenschaften der DDR zu veröffentlichen. Die Publikationen des Rates sollen grundlegende Probleme der Weiterentwicklung von Staat, Recht und Demokratie in der entwickelten sozialistischen Gesellschaft beinhalten.
Die vorliegende Broschüre „Zur Verantwortung der Rechtswissenschaft für die Ausarbeitung von Lehrbüchern und für dic Rechtssetzung" geben einen zusammenfassenden Überblick über theoretische Aussagen der staats- und rechtswissenschaftlichen Forschung, wie sie sich als Ergebnis im Lehrbuch „Marxistisch-leninistische Staats- und Rechtstheorie" sowie auf dem Gebiet der Rechtsetzung am Beispiel der Beratung des Entwurfs des Zivilgesetzbuches widerspiegeln.
So sind die Ausführungen von Prof. Dr. K. H. Schöneburg vor dem Rat für staats- und rechtswissenschaftliche Forschung zur Konzeption des Lehrbuches und ihrer Umsetzung sowie die Darlegungen von Prof. Dr. M. Posch zu theoretischen Problemen des ZGB-Entwurfs Ausdruck dafür, wie die Staats- und Rechtswissenschaft der DDR ihre Verantwortung für die Erarbeitung von Lehrbüchern sowie auf dem Gebiet der Schöpfung neuen sozialistischen Rechtes versteht und umfassend zu realisieren bemüht ist.

INHALT

Karl-Heinz Schöneburg

DAS LEHRBUCH DER MARXISTISCH-LENINISTISCHEN STAATS- UND RECHTSTHEORIE: KONZEPTION UND FRAGEN IHRER VERWIRKLICHUNG

Im Plan für die gesellschaftswissenschaftliche Forschung bis 1975 war der Auftrag enthalten, ein Hochschullehrbuch „Marxistisch-leninistische Staats- und Rechtstheorie" auszuarbeiten, da es bisher aus mannigfaltigen Gründen kein derartiges Lehrbuch in unserer Republik gegeben hat.[1]

Bereit daraus mag ersichtlich sein, daß der Lehrbuchauftrag die Staats- und Rechtstheoretiker vor erhebliche Probleme gestellt hat.

Bei der Ausarbeitung des Lehrbuches waren zunächst einige allgemeine Prinzipien zu beachten:

1. Aus vielen Gründen (Kürze der zur Verfügung stehenden Zeit; Größe des Projekts; Entwicklungsstand der marxistisch-leninistischen Staats- und Rechtstheorie in der DDR etc.) war es erforderlich, das Lehrbuch mit einem relativ großen Autorenkollektiv auszuarbeiten. Die auf der Grundlage einer Gesamtkonzeption durchgeführte kollektive Beratung war gleichsam eine Bestandsaufnahme staats- und rechtstheoretischer Erkenntnisse in der DDR. Die Bilanz daraus verdeutlichte, welche Schwierigkeiten mit der Lehrbuchausarbeitung zu überwinden waren: Bislang verfügten wir nur über relativ geringe Erfahrungen in der Gesamtdarstellung unserer Wissenschaftsdisziplin. Zu vielen wichtigen Problemkreisen fehlten monographische Arbeiten. Der wissenschaftliche Meinungsstreit war zwischen den Staats- und Rechtstheoretikern noch relativ unterentwickelt. Es gab deutliche Rückstände in der staats- und rechtstheoretischen Verarbeitung historischer Forschungen sowie der Arbeitsergebnisse juristischer Zweigdisziplinen. Die Berücksichtigung neuer Fragestellungen und theoretischer Aussagen, in unserer staats- und rechtstheoretischen Arbeit, die in den letzten Jahren von der marxistisch-leninistischen Philosophie, dem wissenschaftlichen Kommunismus, den Wirtschaftswissenschaften, der marxistisch leninistischen Soziologie und anderer Gesellschaftswissenschaften vorgelegt wurden, befinden sich noch immer am Anfang.

2. In dem Lehrbuch waren die Arbeitsergebnisse der Sowjetwissenschaft fundiert auszuwerten und es war die Zusammenarbeit mit sowjetischen Staats- und Rechtstheoretikern in allen Stadien der Lehrbucharbeit zu entwickeln. Wir waren daher bemüht, von Anfang an Arbeitsbeziehungen mit sowjetischen Staats- und Rechtstheoretikern herzustellen. Dabei konnte grundlegend gesichert werden, die reichen Erfahrungen und Arbeitsergebnisse der marxistisch-leninistischen Staats- und Rechtstheorie in der UdSSR, wo ja erstmals überhaupt die marxistisch-leninistische Staats- und Rechtstheorie als *Wissenschaftsdisziplin* begründet wurde, in unserem Lehrbuch fruchtbar zu machen. Wir haben uns daher in Inhalt, Konzeption und Gliederung sehr eng an sowjetische Lehrbücher der Staats- und Rechtstheorie angeschlossen. Nicht zuletzt wurde der Begriffsapparat ein-

[1] Marxistisch-leninistische Staats- und Rechtstheorie, Lehrbuch. Hrsg.: Institut für Theorie des Staates und des Rechts der AdW der DDR, Berlin 1975

heitlich auf die in diesen Werken gültig gebrauchten Begriffe abgestimmt. Es ist festzustellen, daß ohne diese exakte Verwertung der Sowjetwissenschaft unser Lehrbuch nicht hätte in Angriff genommen werden können. Dabei ist hervorzuheben, daß die Verwertung der sowjetischen Erkenntnisse und Erfahrungen wissenschaftliche Sauberkeit und Objektivität verlangt haben; denn zu vielen Problemkreisen der Staats- und Rechtstheorie in der UdSSR und in den anderen sozialistischen Ländern existieren teilweise unterschiedliche Auffassungen. Und das betrifft nicht nur zweit- und drittrangige Probleme. Wir mußten deshalb darauf achten, daß die Sowjetwissenschaft nicht in subjektivistischer, wissenschaftlich unzulässiger Weise interpretiert wird. Es ist in unserer Literatur noch immer hier und da anzutreffen, jeweils mit unseren eigenen Auffassungen übereinstimmenden Stimmen sowjetischer Staats- und Rechtstheoretiker anzuführen, widersprechende Meinungen jedoch zu verschweigen. Mehr als bisher ist es notwendig, die Selbsteinschätzungen der sowjetischen Staats- und Rechtstheoretiker über den Stand ihrer wissenschaftlichen Arbeit nach dem XXIV. Parteitag der KPdSU zu beachten und – insbesondere die ständige Weiterentwicklung wissenschaftlicher Erkenntnisse in der UdSSR zu erfassen.

3. Den Anforderungen an ein Lehrbuch entsprechend, mußten gesicherte Erkenntnisse der Staats- und Rechtstheorie dargelegt werden. Bei der Beantwortung der Frage, was unter gesicherten Erkenntnissen zu verstehen ist, haben wir uns auf folgende Grundregeln verständigt: Aussagen der Klassiker des Marxismus-Leninismus und daraus direkt, unter Berücksichtigung der Einheit des Marxismus-Leninismus, abgeleitete Erkenntnisse; Feststellungen in grundsätzlichen Dokumenten der internationalen Arbeiterbewegung und durch die Praxis des sozialistischen Aufbaus in der UdSSR und in anderen sozialistischen Staaten bestätigte Aussagen der marxistisch-leninistischen Staats- und Rechtstheorie, besonders der in der UdSSR.

Eine derartige Konzentration des Lehrbuches auf die Darlegung gesicherter Erkenntnisse darf allerdings nicht verhindern, den Studierenden theoretisches Problembewußtsein zu vermitteln. Auch in dieser Hinsicht gilt es, von der Sowjetwissenschaft zu lernen. Wir waren daher bemüht, über Probleme, die derzeit diskutiert werden, die ungeklärt sind oder die nur als Fragestellung formuliert werden können, im Lehrbuch entsprechend, d. h. mit möglichst knappem Verweis auf theoretische Meinungsverschiedenheiten zu kennzeichnen. Das betrifft z. B. theoretische Aussagen zum marxistisch-leninistischen Rechtsbegriff, zu den Funktionen des sozialistischen Staates und Rechts, zu den Formen sozialistischer Demokratie, zum Wesen sozialistischer Rechtsverhältnisse und zum Wesen der juristischen Verantwortlichkeit.

Zur Förderung eines theoretischen Problembewußtseins kann schließlich nicht zuletzt dadurch beigetragen werden, daß theoretische und weltanschauliche Tragweite sowie praktische Konsequenzen staats- und rechtstheoretischer Kategorien angesprochen werden. Das bedeutet aber nicht mehr und nicht weniger, als sich der schwierigen Aufgabe zu stellen, die Beschlüsse des XXIV. Parteitages der KPdSU und des VIII. Parteitages der SED staats- und rechtstheoretisch zu verarbeiten. Entscheidend ist, wie weit es gelingt, daß das Lehrbuch dazu beitragen kann, ideologisch Probleme lösen zu helfen, die sich aus den großen gesellschaftlichen Veränderungen der letzten Jahre national und international ableiten.

1. Das Lehrbuch geht, in Übereinstimmung mit der gesamten marxistisch-leninistischen Staats- und Rechtstheorie in der UdSSR und in den anderen sozialistischen Ländern, davon aus, daß die marxistisch-leninistische Staats- und Rechtstheorie allgemeine (grundlegende) Gesetze des Entstehens, der Entwicklung und des gesellschaftlichen Wirkens des Staates und Rechts zu erforschen und darzustellen hat.
In Auswertung der von der marxistisch-leninistischen Philosophie erarbeiteten Charakteristika objektiver gesellschaftlicher Gesetze gehen wir davon aus, daß auch die von der Staats- und Rechtstheorie zu erforschenden Gesetze des Staates und Rechts objektiv sind und insofern unabhängig vom Bewußtsein der Menschen existieren, als sie nicht willkürlich hervorgerufen oder abgeschafft werden können. Daher sind von den objektiven Gesetzen des Staates und Rechts juristische Gesetze als Normativakte zu unterscheiden, mit denen der Staat Recht setzt. Ein objektives Gesetz des Staates und Rechts ist ein innerer und notwendiger Zusammenhang auf dem Gebiet des Staates und Rechts. Dieser notwendige Zusammenhang kann unterschiedlicher Art sein. Wir kennen deshalb beispielsweise Bewegungs- oder Entwicklungsgesetze und Strukturgesetze. Bei den Bewegungs- oder Entwicklungsgesetzen handelt es sich um notwendige Zusammenhänge auf staatlichem und rechtlichem Gebiet, die in der Realität ablaufende Prozesse in ihrer Abhängigkeit von der Zeit betreffen. Hierzu sind beispielsweise das objektiv gesetzmäßige Entstehen des Staates und Rechts mit dem Zerfall der Urgesellschaft zu zählen, die historisch notwendige Existenz von 4 Staats- und Rechtstypen, die einander revolutionär ablösen; die gesetzmäßigen Entwicklungsstufen des einheitlichen sozialistischen Staatstyps; die notwendige Errichtung des sozialistischen Staates am Beginn der sozialistischen Revolution.
Strukturgesetze sind hingegen notwendige Zusammenhänge, die sich auf Klassen von Systemen mit gleicher Struktur beziehen. Zu diesen gehören z. B. die notwendigen Beziehungen zwischen Staatsapparat und Vertretungskörperschaften sowohl im Kapitalismus als auch im Sozialismus, zwischen Staat und Recht. Bewegungs- und Strukturgesetze stehen auch auf staatlichem und rechtlichem Gebiet in einem engen Zusammenhang, weil Prozesse und Strukturen in der objektiven Realität keine absoluten Gegensätze darstellen, sondern eine dialektische Einheit des Werdens und des Gewordenen. Strukturgesetze sind auch auf unserem Gebiet Bewegungsgesetzen untergeordnet.
Als notwendiger Zusammenhang sind objektive Gesetze des Staates und Rechts an bestimmte objektive Bedingungen gebunden. Die marxistisch-leninistische Philosophie unterscheidet vor allem zwischen spezifischen und nichtspezifischen Bedingungen. Diese Einteilung ist auch für die objektiven Gesetze des Staates und Rechts von Nutzen. So ist beispielsweise die Existenz kapitalistischen Privateigentums und die darauf beruhende kapitalistische Ausbeutung des Menschen durch den Menschen eine spezifische Bedingung für das Wirken des kapitalistischen Staates als Klassenmacht der Bourgeoisie. Die spezifischen Bedingungen bestimmen also Inhalt und Wesen des kapitalistischen Staates und Rechts, sind Ursachen ihrer Wirkung. Demgegenüber ist z. B. die Existenz der menschlichen Gesellschaft nichtspezifische Bedingung. Sie ist zwar notwendige Voraussetzung auch für den kapitalistischen Staat und sein Recht, determiniert jedoch nicht spezifisch deren Inhalt und Wesen.
Von diesen Bedingungen sind begleitende Bedingungen zu unterscheiden. Sie bestimmen nicht das Wesen z. B. des bürgerlichen Staates, wohl aber dessen konkrete Erscheinungsform in einem bestimmten Lande zu einer bestimmten Zeit. Zu diesen begleitenden

Bedingungen sind insbesondere nationale und historische Besonderheiten eines Landes zu zählen. So änderte die Tatsache, daß der bürgerliche Staat in Deutschland nicht durch eine Volksrevolution, sondern mittels Bismarcks „Blut-und-Eisen-Politik", auf der Grundlage eines Kompromisses zwischen Feudaladel und Bourgeoisie geschaffen wurde, nichts am bürgerlich-imperialistischen Charakter des Deutschen Reiches nach 1871. Wohl aber wurde dadurch die konkrete Form dieses bürgerlich-imperialistischen Staates in vielfacher Weise geprägt.

Die von der Staats- und Rechtstheorie zu untersuchenden Gesetze des Staates und Rechts betreffen *allgemeine* Zusammenhänge, d. h. das Wesentliche, Unveränderliche einer potentiell unendlichen Klasse von Objekten. Die Gesetzesaussage z. B., daß der Staat Klassencharakter hat und Machtinstrument ökonomisch herrschender Klassen ist, gilt für eine unendliche Zahl von Staaten, für alle vergangenen, alle gegenwärtig existierenden und alle zukünftig möglichen Staaten. Die Gesetzesaussage, daß der sozialistische Staat notwendig an die Führungsrolle der marxistisch-leninistischen Partei gebunden ist, ist insofern allgemeiner Natur, als sie auf alle sozialistischen Staaten in Vergangenheit, Gegenwart und Zukunft zutrifft.

Die von der marxistisch-leninistischen Staats- und Rechtstheorie zu untersuchenden objektiven Gesetze des Staates und Rechts haben unterschiedlich große Wirkungssphären. Zu ihnen gehören Gesetze, die für alle Staats- und Rechtstypen, für alle vergangenen, gegenwärtigen und zukünftigen Staaten kennzeichnend sind. Diese allgemeinsten Gesetzesaussagen der Staats- und Rechtstheorie tragen dazu bei, Staat und Recht von anderen gesellschaftlichen Erscheinungen zu unterscheiden, ihnen gegenüber die Spezifik von Staat und Recht auszuweisen, das Klassenwesen jedes einzelnen Staates und Rechts feststellen zu können, Staaten und Rechtssysteme verschiedener Gesellschaftsformationen danach zu typisieren, welcher konkreten Klasse ein bestimmter Staats- und Rechtstyp dient, und davon ausgehend den Ausbeuterstaat und das Ausbeuterrecht qualitativ vom sozialistischen Staat und Recht abzugrenzen. Die allgemeinsten Gesetze des Staates und Rechts zeigen sich in jedem historischen Staats- und Rechtstyp in spezifischer Form, setzen sich auf spezifische Weise durch.

Neben diesen allgemeinsten Gesetzen befaßt sich die Staats- und Rechtstheorie mit allgemeinen Zusammenhängen, die den Staat und das Recht einer bestimmten Gesellschaftsformation charakterisieren. Hierzu gehören z. B. Gesetzesaussagen über Wesen, Entwicklungsetappen, Funktionen und Formen des sozialistischen Staates und Rechts.

Beide Arten allgemeiner Gesetze, die Gegenstand der Staats- und Rechtstheorie sind, unterscheiden sich von spezifischen Gesetzen, die für einzelne Staaten, einzelne Staatsorgane und Rechtsinstitute gelten und Gegenstand juristischer Einzel- oder Zweigwissenschaften sind. Allgemeine und spezifische Gesetze des Staates und des Rechts verhalten sich zueinander wie Allgemeines, Besonderes und Einzelnes. Der allgemeine Begriff des Staates ist Allgemeines, weil er wesentliche, allen Staaten eigene objektive Gesetze abbildet. Die Charakteristik eines bestimmten Staates drückt Einzelnes aus, weil sie die individuelle Qualität und Erscheinungsform dieses einen Staates im Unterschied zu anderen Staaten hervorhebt. Der Begriff eines bestimmten Staatstyps ist Besonderes, weil er Allgemeines und Einzelnes miteinander verbindet.

Objektive Gesetze des Staates und Rechts betreffen immer wesentliche Zusammenhänge. Unwesentliche Beziehungen werden von ihnen nicht erfaßt. Deshalb handelt es sich bei den Gesetzesaussagen der Staats- und Rechtstheorie immer um wissenschaftliche Abstraktionen von vielfältigen konkreten Erscheinungsformen des Staates und Rechts. Diese Abstraktionen widerspiegeln – sofern sie richtig sind – die konkrete Wirklichkeit des

Staates und Rechts tiefer und vollständiger. So sind beispielsweise die Erscheinungsformen des bürgerlichen Rechts in der BRD außerordentlich vielfältig, differenziert und reichhaltig. Das Wesentliche, ihnen allen Gemeinsame, sich allerdings sehr unterschiedlich Äußernde, ist darin zu sehen, daß dieses Recht als System den staatlich verbindlichen, materiell bedingten Willen der ökonomisch herrschenden Gruppe der Monopolbourgeoisie ausdrückt. Diese allgemeine staats- und rechtstheoretische Gesetzesaussage macht es möglich, die vielfältigen Erscheinungsformen dieses Rechts tiefer und vollständiger zu erfassen.
Schließlich gilt auch für die objektiven Gesetze von Staat und Recht, daß sie wiederholbare Zusammenhänge ausmachen, d. h., sie treten der Tendenz nach immer dann auf, wenn gleiche historische Bedingungen vorliegen.
2. Die Anerkennung jener Gegenstandsbestimmung der marxistisch-leninistischen Staats- und Rechtstheorie wurde durch die Beschlüsse des VIII. Parteitages der SED mit ihrer stärkeren Betonung der allgemeingültigen Gesetzmäßigkeiten des Sozialismus unabdingbar. Sie schloß die Weiterentwicklung und Korrektur bisher von Staats- und Rechtstheoretikern der DDR vertretener Positionen notwendig ein.
Entsprechend dieser Gegenstandsbestimmung behandelt das Lehrbuch z. B. die allgemeinen, für alle Staats- und Rechtstypen gültigen Begriffe des Staates und des Rechts (Kap. IV). Der allgemeine Begriff des Staates berücksichtigt z. B., daß der Klassencharakter jedes Staates in der Regel von der ökonomisch herrschenden Klasse bestimmt wird; daß der Staat national und international Instrument zur Verwirklichung der historischen Aufgaben dieser Klasse ist. Er markiert den Unterschied zwischen staatlichen und nichtstaatlichen Organisationsformen der Gesellschaft. Deshalb kommt diesem allgemeinen Staatsbegriff (wie auch dem allgemeinen Begriff des Rechts) erhebliche ideologisch-weltanschauliche Bedeutung zu. Er ermöglicht es, die Staaten der verschiedenen Gesellschaftsformationen zu typisieren. Erst im Rahmen und auf der Grundlage eines allgemeinen Staatsbegriffs ist es möglich und notwendig, Ausbeuterstaaten und den sozialistischen Staat voneinander abzugrenzen, die historisch neue Qualität des sozialistischen Staates zu erfassen.
Aus dem Gegenstand der marxistisch-leninistischen Staats- und Rechtstheorie folgt, daß sich das Lehrbuch auf die theoretische Verallgemeinerung der historischen Gesamtentwicklung von Staat und Recht, von ihrem Entstehen mit dem Zerfall der Urgesellschaft an bis zum Absterben im entwickelten Kommunismus erstrecken muß. Auch das ist von prinzipieller weltanschaulicher Bedeutung. Jede Verkürzung der Staats- und Rechtstheorie z. B. auf die Darlegung der Probleme des sozialistischen Staates und Rechts oder gar nur einer bestimmten Entwicklungsetappe dieses sozialistischen Staates und Rechts muß zu theoretischer Blickverengung führen und uns der Möglichkeit berauben, einen Staats- und Rechtstyp allseitig aus seinem historischen Platz in der Gesamtentwicklung von Staat und Recht zu begreifen.
Eine ganz andere Frage ist es in diesem Zusammenhang, wie in einem Lehrbuch die Schwerpunkte in der Darstellung gesetzt werden. So erscheint es uns angesichts der Tatsache, daß das Lehrbuch in der DDR erscheint, durchaus gerechtfertigt, daß den Problemen des sozialistischen Staates und Rechts besonders großer Raum und erhöhtes Gewicht gegeben wird, daß nicht alle Typen von Ausbeuterstaaten mit gleicher Intensität behandelt werden, sondern hier vor allem der bürgerliche Staat und sein Recht im Vordergrund der Analyse stehen.
Der Gegenstand der marxistisch-leninistischen Staats- und Rechtstheorie erfordert es, die Dialektik von Allgemeinem und Besonderem, von Internationalem und Nationalem

stets im Sinne der Beschlüsse des XXIV. Parteitages der KPdSU und des VIII. Parteitages der SED zu handhaben. Das Lehrbuch ist so konzipiert, daß es die Staats- und Rechtstheorie in ihrer internationalen, allgemeingültigen Bedeutung zu erfassen versucht. Das heißt zum Beispiel, daß in den Kapiteln über den sozialistischen Staat die in allen sozialistischen Staaten wirkenden allgemeinen Gesetzmäßigkeiten zu analysieren sind. Das erfordert u. a., daß die theoretische Verallgemeinerung der Entwicklung des Sowjetstaates und des Sowjetrechts für alle diese Kapitel im Zentrum stehen muß; denn sie sind Vorbild jedes sozialistischen Staates und Rechts, weil in ihnen erstmals Wesen, Funktion und Form des sozialistischen Staates und Rechts verwirklicht wurden und weil sie die bis heute höchste Entwicklungsstufe eines sozialistischen Staates und Rechts markieren. Dies ist staats- und rechtstheoretische Konsequenz aus der Feststellung des VIII. Parteitages der SED, daß die DDR „ein fester, unverrückbarer Bestandteil der sozialistischen Staatengemeinschaft, in enger Freundschaft verbunden mit dem Lande Lenins, der ruhmreichen Sowjetunion", ist. Es geht also nicht an, die Staats- und Rechtstheorie auf die Untersuchung der besonderen Wirkungsbedingungen der Staat und Recht kennzeichnenden allgemeinen Gesetzmäßigkeiten in der DDR einzuengen und gleichsam eine DDR-spezifische Staats- und Rechtstheorie zu kreieren. Das würde letztlich auf eine Herauslösung der Staats- und Rechtsentwicklung der DDR aus der Staats- und Rechtsentwicklung der sozialistischen Staaten und ihrer Gemeinschaft hinauslaufen. Indem die für alle sozialistischen Staaten gültigen Gesetzmäßigkeiten von Staat und Recht analysiert werden, wird eine wichtige Bedingung für eine effektive weltanschauliche und staatspraktische Wirkung des Lehrbuches geschaffen. Gerade dadurch muß sich das Lehrbuch als der DDR-Praxis zugewendet erweisen. Indem die für alle sozialistischen Staaten geltenden Gesetzmäßigkeiten erforscht werden, tragen wir dazu bei, stabile Lösungen in den Fragen des Staates und Rechts in jedem einzelnen sozialistischen Lande zu finden.

3. Indem die Staats- und Rechtstheorie die allgemeinen Gesetze des Entstehens, der Entwicklung und des Wirkens von Staat und Recht untersucht, berührt sie sehr eng andere gesellschaftswissenschaftliche Disziplinen, vor allem die marxistisch-leninistische Philosophie, die politische Ökonomie und die Geschichtswissenschaft, zu deren Forschungsobjekten Staat und Recht auch gehören. Die Staats- und Rechtstheorie als juristische Wissenschaft unterscheidet sich von ihnen dadurch, daß sie die Staat und Recht kennzeichnenden allgemeinen Gesetzmäßigkeiten in ihrer Spezifik untersucht, nicht aber nur als Teil der Gesellschaft, der Ökonomie oder der konkreten historischen Entwicklung als Ganzes.

Gegenüber der Philosophie hat die Staats- und Rechtstheorie einen spezifischen Gegenstand. Sie befaßt sich mit allgemeinen objektiven Gesetzen, die nur Staat und Recht eigen sind und die deshalb als spezifische Gesetze von Staat und Recht bezeichnet werden können. Die Staats- und Rechtstheorie gliedert gleichsam Staat und Recht aus dem Weltganzen aus und erforscht die allgemeinen Gesetze, die den inneren Zusammenhang von Staat und Recht und ihrer strukturellen Elemente ausmachen, die den Zusammenhang von Staat und Recht mit der Ökonomie und der übrigen Gesellschaft ausweisen. Sie untersucht also die Wechselbeziehungen zwischen Staat, Recht und der Gesamtgesellschaft. Hinsichtlich dieser Wechselbeziehungen überschneiden sich in gewisser Weise die Gegenstände der Philosophie und der Staats- und Rechtstheorie. Deshalb sind die Grundaussagen der Philosophie zum Klassencharakter von Staat und Recht, zur materiellen Determiniertheit von Staat und Recht zugleich Grundaussagen der Staats- und Rechtstheorie.

Wir können daher ein enges Wechselverhältnis zwischen Philosophie und Staats- und

Rechtstheorie konstatieren, das im wechselseitigen Zusammenhang zwischen den von der Philosophie erforschten allgemeinsten Gesetzen der Natur, der Gesellschaft und des Denkens und den von der Staats- und Rechtstheorie analysierten spezifischen objektiven Gesetzen des Staates und Rechts begründet ist. Dieses Wechselverhältnis besteht insbesondere darin, daß die Staats- und Rechtstheorie bewußt von den Erkenntnissen der Philosophie auszugehen und sie bei der Erforschung ihres spezifischen Gegenstandes fruchtbar zu machen hat.

Die Anwendung der von der Philosophie erarbeiteten materialistisch-dialektischen Forschungsmethode ist zur Erkenntnis der allgemeinen objektiven Gesetze des Staates und Rechts entsprechend der Spezifik des Gegenstandes unabdingbare methodologische Grundlage. Ohne die allgemeinen philosophischen Kategorien könnte keine wissenschaftlich gültige Kategorie der Staats- und Rechtstheorie erarbeitet werden. Andererseits bereichern die Gesetzesaussagen der Staats- und Rechtstheorie wiederum die marxistisch-leninistische Philosophie, ermöglichen es ihr, die objektiven Gesetze der Gesellschaft als Ganzes genauer zu analysieren.

In diesem Wechselverhältnis zwischen Philosophie und Staats- und Rechtstheorie ist wesentlich der weltanschauliche Charakter der Staats- und Rechtstheorie begründet, aber auch die Aufforderung an unsere Wissenschaftsdisziplin enthalten, zur Entwicklung der wissenschaftlichen Weltanschauung der Arbeiterklasse beizutragen. Wird dieses Wechselverhältnis negiert, wird vor allem die Bedeutung der philosophischen Gesetzesaussagen für die staats- und rechtstheoretische Forschung unterschätzt, so wird damit letztlich die Wissenschaftlichkeit der Staats- und Rechtstheorie selbst untergraben. Die Staats- und Rechtstheorie läuft dann Gefahr, ihre Aufgabe lediglich in einer juristisch-dogmatischen, für die bürgerliche Jurisprudenz typischen Interpretation von Rechtsnormen und staatlichen Einrichtungen zu sehen.

Zur Stellung der Staats- und Rechtstheorie im System der Gesellschaftswissenschaften insgesamt ist zu sagen, daß sie sowohl bestimmt wird durch den innerhalb dieser Wissenschaften vor sich gehenden Prozeß der Differenzierung und Spezialisierung als auch gleichzeitig durch das zunehmende Bedürfnis und die Tendenz zur Integration der Gesellschaftswissenschaften auf der Grundlage der marxistisch-leninistischen Philosophie, des wissenschaftlichen Kommunismus und der strategischen Arbeit der Partei der Arbeiterklasse.

4. Aus dem Gegenstand der marxistisch-leninistischen Staats- und Rechtstheorie ist auch die Stellung der Staats- und Rechtstheorie im System der Staats- und Rechtswissenschaften abzuleiten. Auf Grund der Dialektik von Allgemeinem, Besonderem und Einzelnem haben die Aussagen der Staats- und Rechtstheorie eine verbindende und grundlegende Rolle gegenüber den anderen juristischen Disziplinen zu erfüllen. Allerdings ist die Staats- und Rechtstheorie keinesfalls nur als Verallgemeinerung der Erkenntnisse der juristischen Zweigwissenschaften zu betreiben. Ihre Bedeutung für die anderen juristischen Disziplinen ergibt sich vielmehr aus der Allgemeinheit der objektiven Gesetze des Staates und Rechts, die von ihr wissenschaftlich ermittelt werden. Ihre Gesetzesaussagen betreffen die grundlegenden und wesentlichsten objektiven Gesetze des Staates und Rechts. Demgegenüber sind die von den juristischen Zweig- und Einzelwissenschaften untersuchten objektiven Gesetze Einzelnes, in denen zwar das Allgemeine Ausdruck findet, aber doch niemals allseitig und vollständig. Da andererseits das Allgemeine nicht losgelöst von Einzelnen existiert, ist die Staats- und Rechtstheorie verpflichtet, die Arbeitsergebnisse der juristischen Zweigwissenschaften unter der spezifischen Sicht ihres Gegenstandes und ihrer Forschungsmethoden entsprechend zu verwerten.

Schließlich ist zu betonen, daß die Staats- und Rechtstheorie zwar allgemeine Gesetze des Staates und Rechts, aber damit durchaus nicht alle objektiven Gesetze auf staatlichem und rechtlichem Gebiet erforscht. Es ist ein Unterschied zwischen Allgemeinem und Ganzem. Daraus folgt: Sowenig irgendeine juristische Zweigdisziplin oder die Gesamtheit dieser Zweigwissenschaften die Staats- und Rechtstheorie ersetzen können, ebensowenig macht die Staats- und Rechtstheorie irgendeine Zweig- oder Einzeldisziplin überflüssig. Die zwischen Staats- und Rechtstheorie und juristischen Zweigwissenschaften bestehenden Wechselbeziehungen bereichern und fördern sich gegenseitig bei der Erforschung der Staat und Recht bestimmenden objektiven Gesetze.

Die Staats- und Rechtstheorie hat auch eine methodische Funktion im System der Staats- und Rechtswissenschaften zu erfüllen. Sie ist ihrem Gegenstand nach Lehre von den allgemeinen Methoden der Erforschung des staatlich-rechtlichen Überbaus, der Methoden der Rechtsetzung und Rechtsverwirklichung. Sie hat u. a. allgemeine Methoden für den Einsatz moderner technischer Hilfsmittel in der sozialistischen Staats- und Rechtsordnung zu erarbeiten, beispielsweise Methoden zur maschinellen Speicherung von Rechtsnormen. Insofern ist die marxistisch-leninistische Staats- und Rechtstheorie Lehre von den allgemeinen juristischen Methoden.

Die Staats- und Rechtstheorie hat schließlich die Aufgabe, die Staats- und Rechtswissenschaft selbst zu untersuchen: ihre Entwicklung, Struktur und Funktion. In diesem Sinne ist die Staats- und Rechtstheorie juristische Wissenschaftstheorie. Damit sind Fragen und Aufgabenstellungen der marx.-len. Staats- und Rechtstheorie angesprochen, die in unserem Lehrbuch zunächst nur als theoretische Grundaussagen und Aufgabenstellungen dargestellt werden. Es wird eine wichtige Aufgabe zukünftiger staats- und rechtstheoretischer Arbeit sein, schrittweise die damit gestellten Aufgaben zu lösen und in diesem Prozeß zukünftige Auflagen des Lehrbuches zu verbessern.

5. Die marxistisch-leninistische Staats- und Rechtstheorie ist Ideologie der Arbeiterklasse. Sie entstand als systematische Abgrenzung vom bürgerlichen Staats- und Rechtsdenken. Als ein auf der Grundlage des Klassenkampfes der Arbeiterklasse und der gesellschaftlichen Praxis sozialistischer Staaten sich entwickelndes logisch geordnetes System von Aussagen über die allgemeinen Gesetze des Entstehens, der Entwicklung, des Wesens, der Struktur und des Wirkens von Staat und Recht ist die Staats- und Rechtstheorie Ausdruck der Klasseninteressen der Arbeiterklasse, als System der staatlichen und rechtlichen Anschauungen der Arbeiterklasse. Zusammen mit den Ergebnissen anderer Wissenschaften bildet sie den wissenschaftlichen Inhalt der sozialistischen Ideologie.

Es ist für die Bewertung der Staats- und Rechtstheorie von zentraler Bedeutung, festzuhalten, daß die staats- und rechtstheoretischen Gesetzesaussagen als theoretischer Ausdruck der den Staat und das Recht betreffenden Klasseninteressen der Arbeiterklasse zur theoretisch-wissenschaftlichen Grundlage des Klassenbewußtseins der Arbeiterklasse gehören. Ihre Aneignung durch die Arbeiterklasse und die mit ihr verbündeten Werktätigen ist deshalb eine wichtige Voraussetzung für bewußtes geschichtliches Handeln der von ihrer Partei geführten Arbeiterklasse. Das bestätigt die Geschichte der internationalen Arbeiterbewegung in vielfältiger Weise. So war z. B. die Begründung der proletarischen Staats- und Rechtsauffassung durch Marx und Engels im Kommunistischen Manifest des Jahres 1848 notwendiger Bestandteil der Entwicklung des Proletariats aus einer „Klasse an sich“ zu „einer Klasse für sich“, d. h. zu einer ihre geschichtlichen Aufgaben erkennenden und mittels ihrer kommunistischen Partei bewußt verwirklichenden Klasse. Als sich die Bolschewiki auf die Große Sozialistische Oktoberrevolution vorbereiteten, schrieb Lenin im August/September 1917 sein staatstheoretisches Hauptwerk „Staat und Revolution", wohl wissend, daß der Erfolg des bevorstehenden Kampfes für die Errichtung der sozialistischen Staatsmacht nicht zuletzt auch davon abhing, daß sich die proletarische Partei ein Programm über die Aufgaben und Ziele der Arbeiterklasse auf dem Gebiet von Staat und Recht erarbeitet und aneignet. Und – um ein letztes Beispiel zu nennen – auch die Beschlüsse und Dokumente der kommunistischen und Arbeiterparteien unserer Gegenwart enthalten stets wichtige staats- und rechtstheoretische Grundaussagen, weil eine wissenschaftlich begründete Strategie und Taktik in der Staatsfrage eine Voraussetzung des erfolgreichen Kampfes gegen den bürgerlichen Staat und sein Recht, für die Errichtung und Entwicklung des sozialistischen Staates und Rechts ist.

Aus dem Gegenstand der marxistisch-leninistischen Staats- und Rechtstheorie als Ausdruck der Klasseninteressen der Arbeiterklasse ergeben sich für die marxistisch-leninistische Staats- und Rechtstheorie die grundlegenden Funktionen. Die marxistisch-leninistische Staats- und Rechtstheorie hat aus der Analyse und in Verallgemeinerung des Klassenkampfes und der staatlich-gesellschaftlichen Praxis der Arbeiterklasse sowie in Auseinandersetzung mit der bürgerlichen Staats- und Rechtsideologie die grundlegenden wissenschaftlichen Erkenntnisse der Arbeiterklasse über Staat und Recht, über den zu überwindenden bürgerlichen Staat sowie über den zu errichtenden und gesetzmäßig weiterzuentwickelnden sozialistischen Staat und sein Recht zu erarbeiten, kontinuierlich fortzuentwickeln und damit zur Herausbildung und Entwicklung der marxistisch-leninistischen Weltanschauung beizutragen.

Die marxistisch-leninistische Staats- und Rechtstheorie hilft mit, wissenschaftliche Grundlagen für den politisch-praktischen Kampf der Arbeiterklasse zu gewinnen. Dabei geht es insbesondere darum, Inhalt, Methoden und Formen des Kampfes gegen den bürgerlichen Staat und sein Recht entsprechend den sich verändernden Bedingungen des nationalen und internationalen Klassenkampfes theoretisch zu bestimmen; Wege, Formen und Wesen der Errichtung des sozialistischen Staates und Rechts herauszuarbeiten; theoretische Grundlagen zur effektiven Leitung und zum wirksamen Schutz des sozialistischen und kommunistischen Aufbaus mittels des sozialistischen Staates und Rechts zu erarbeiten.

Die marxistisch-leninistische Staats- und Rechtstheorie hat einen Beitrag zur Erziehung sozialistischer Persönlichkeiten zu leisten. Sie hat ihre Erkenntnisse und Einsichten über Staat und Recht zum Gegenstand und Inhalt der Erziehung und Formung sozialistischer Menschen zu machen. Dabei kommt es insbesondere darauf an, daß die weltanschaulich-theoretischen Auffassungen der Arbeiterklasse über Staat und Recht sich im individuellen Staats- und Rechtsbewußtsein der einzelnen Arbeiter, jedes Bürgers des sozialistischen Staates zunehmend ausprägen, und deren gesellschaftliches Handeln mehr und mehr mitbestimmen.

Zum System der marxistisch-leninistischen Staats- und Rechtstheorie

Das System einer Wissenschaft widerspiegelt den Gegenstand, nähert sich ihm in spezifischer Weise an, indem die Gesetzesaussagen nach bestimmten theoretischen Prinzipien geordnet werden. Dem System einer Wissenschaftsdisziplin kommt erhebliche theoretische und praktische Bedeutung zu, denn der Aufbau eines Systems kann die allseitige Erkenntnis der von der Wissenschaft zu untersuchenden Wirklichkeit fördern, aber auch hemmen.

Auch das System der marxistisch-leninistischen Staats- und Rechtstheorie wird vor allem durch die Anwendung des Prinzips der Einheit von Logischem und Historischem geprägt, wie es von Karl Marx in seinem Hauptwerk „Das Kapital" in klassischer Weise demonstriert worden ist. Marx gliederte bekanntlich die politische Ökonomie nach logischen Kategorien. Allerdings stehen diese logischen Kategorien in keinem Gegensatz zur historischen Entwicklung, sie sind nur der historischen Form und der historischen Zufälligkeiten entkleidet. Sie bleiben stets abstraktes, theoretisch verallgemeinertes Abbild des historischen Verlaufs. Die marxistisch-leninistische Staats- und Rechtstheorie geht davon aus, daß es zur Erkenntnis von Staat und Recht notwendig ist, „den grundlegenden historischen Zusammenhang nicht außer acht zu lassen, jede Frage von dem Standpunkt aus zu betrachten, wie eine bestimmte Erscheinung in der Geschichte entstanden ist, welche Hauptetappen diese Erscheinung in ihrer Entwicklung durchlaufen hat, und vom Standpunkt dieser ihrer Entwicklung aus zu untersuchen, was aus der betreffenden Sache jetzt geworden ist".[2] Die geschichtliche Entwicklung von Staat und Recht wird in der Staats- und Rechtstheorie in ihrer inneren Gesetzmäßigkeit in Form von Kategorien und Begriffen widergespiegelt, die mittels wissenschaftlicher Abstraktion gewonnen werden. Diese Begriffe und Kategorien der Staats- und Rechtstheorie sind deshalb immer Ausdruck des Allgemeinen und Wesentlichen in der gesetzmäßigen Entstehung und Entwicklung, in der Struktur und im Wirken von Staat und Recht. Dieser Prozeß wissenschaftlicher Abstraktion von äußeren Zusammenhängen, Beziehungen und Zufälligkeiten führt deshalb zum tieferen Erfassen von Staat und Recht. Auch hier gilt die Feststellung W. I. Lenins: „Das Denken, das vom Konkreten zum Abstrakten aufsteigt, entfernt sich nicht – wenn es richtig ist... von der Wahrheit, sondern nähert sich ihr... Alle wissenschaftlichen (richtigen, ernstzunehmenden, nicht unsinnigen) Abstraktionen spiegeln die Natur tiefer, richtiger, vollständiger wider".[3]

Für das System der marxistisch-leninistischen Staats- und Rechtstheorie ist weiter wichtig, daß sie nach dem Vorbild von Marx vom Abstrakten zum Konkreten aufsteigt. Die allgemeinen Begriffe des Staates und Rechts sind daher die Ausgangspunkte im System der Staats- und Rechtstheorie, die dann bei der Darstellung der einzelnen Staats- und Rechtstypen sowie bei der Untersuchung einzelner staatlich-rechtlicher Zusammenhänge konkretisiert werden. In diesem Prozeß des Aufsteigens vom Abstrakten zum Konkreten werden die allgemeinen objektiven Gesetze des Staates und Rechts im Denken in all ihren Zusammenhängen gleichsam reproduziert.

In der Geschichte der marxistisch-leninistischen Staats- und Rechtstheorie sind unterschiedliche Systeme der Staats- und Rechtstheorie, ausgehend vom Prinzip der Einheit von Logischem und Historischem und vom Prinzip des Aufsteigens vom Abstrakten zum Konkreten anzutreffen. Wir haben uns für unser Lehrbuch übereinstimmend mit der Mehrzahl der marxistisch-leninistischen Staats- und Rechtstheoretiker der sozialistischen Länder für ein System entschieden, das von den historischen Staats- und Rechtstypen ausgeht. In einem Allgemeinen Teil unseres Lehrbuchs werden zunächst Gegenstand und Methode der Staats- und Rechtstheorie, Herausbildung und Entwicklung der Staats- und Rechtsauffassungen der Arbeiterklasse, Entstehung des Staates und Rechts mit dem Zerfall der Urgesellschaft sowie das allgemeine Wesen von Staat und Recht behandelt. Danach werden die allgemeinen objektiven Gesetze des Ausbeuterstaates und Ausbeuterrechts dargestellt. Schließlich folgen die Gesetzesaussagen zum sozialistischen Staat und

[2] W. I. Lenin, Werke, Band 29, S. 463

[3] W. I. Lenin, Werke, Band 38, S. 160

Recht. Diese Art der Systematisierung macht es möglich, die einzelnen Seiten, Institutionen und Institute des Staates und Rechts, beispielsweise die Funktionen des Staates oder die Formen des Staates in unmittelbarem Zusammenhang sowohl mit den grundlegenden Gesetzmäßigkeiten von Staat und Recht als Ganzem als auch mit den allgemeinen Gesetzmäßigkeiten des Staates und Rechts in der jeweiligen Gesellschaftsformation zu sehen. Die marxistisch-leninistische Staats- und Rechtstheorie unterscheidet sich prinzipiell von jeder bürgerlichen, sozialreformistischen und revisionistischen Staats- und Rechtslehre. Das mußte im Lehrbuch durchgängig und zugleich differenziert ausgedrückt werden.

In allen Kapiteln, die sich mit der Errichtung, dem Wesen und dem gesellschaftlichen Wirken des sozialistischen Staates und Rechts befassen, ist versucht worden, diese als Überwindung der bürgerlichen Staatlichkeit und ihres Rechts als sozialistische Qualität darzustellen. Die Autoren haben sich bemüht, diese Auseinandersetzungen mit dem bürgerlichen Staat und Recht, ihren ideologischen und organisatorischen Strukturformen auch insofern im Leninschen Sinne zu führen, als damit das Ziel verfolgt wird, tiefer das qualitativ Neue des sozialistischen Staates und Rechts darzustellen. Schließlich gibt es Kapitel oder Teile von Kapiteln, die speziell der Kritik der bürgerlichen, revisionistischen und maoistischen Staats- und Rechtsauffassungen gewidmet sind.

Eine Schwierigkeit bei der Bewältigung jener Aufgabe hat darin bestanden, daß in unserem zur Zeit gültigen Vorlesungssystem in der staats- und rechtswissenschaftlichen Ausbildung keine Vorlesungen zur Geschichte der Staats- und Rechtstheorie gelesen werden. Zu diesem Problemkreis existieren auch keine Lehrbücher. Forschungsarbeit wird zur Zeit in dieser Hinsicht höchstens als Hobby betrieben. Das war insofern nachteilig, als jede Wissenschaftsdisziplin, also auch die marxistisch-leninistische Staats- und Rechtstheorie, nur dann zureichend erforscht und gelehrt werden kann, wenn auch die Geschichte dieser Wissenschaftsdisziplin einbezogen ist. Das Fehlen von Arbeiten zur Geschichte der Staats- und Rechtstheorie hat unser Bemühen erschwert, uns innerhalb des Lehrbuchs auch mit bürgerlichen Staats- und Rechtsauffassungen zu beschäftigen.

Indem allerdings derartige Fragen in das Lehrbuch aufgenommen und unmittelbar den Darlegungen über Wesen und Wirken des bürgerlichen bzw. sozialistischen Staates und Rechts zugeordnet wurden, sind andererseits günstige Bedingungen gegeben, um Verselbständigungen der ideologischen Auseinandersetzung, ihre Trennung von der marxistisch-leninistischen Analyse des bürgerlichen bzw. sozialistischen Staates und Rechts zu vermeiden.

Es war durchgängig unser Anliegen, bei der Kritik imperialistischer und revisionistischer Auffassungen bis zu ihrer weltanschaulich-philosophischen Grundlage vorzudringen; jene Strömungen in den Mittelpunkt zu rücken, die heute und in Zukunft für die Strategie und Taktik des Imperialismus besondere Bedeutung haben; die klassenmäßige Differenzierung zwischen den verschiedenen imperialistischen Theorien zu beachten. Wir sind uns allerdings zugleich darüber einig, daß wir bei der Verwirklichung dieser Zielsetzung noch am Anfang stehen.

Wesen und Entwicklungsetappen des sozialistischen Staates

Nicht zuletzt die Tatsache, daß das Lehrbuch in der DDR erscheint, macht es erforderlich, dem Wesen und dem Wirken des sozialistischen Staates in der Periode der Gestaltung der entwickelten sozialistischen Gesellschaft besondere Aufmerksamkeit zu schenken.

Bei der Beantwortung der Frage, worin das Klassenwesen des sozialistischen Staates und Rechts bei der Gestaltung der entwickelten sozialistischen Gesellschaft zu sehen und wie es weiter auszuprägen ist, gehen wir von zwei Grunderkenntnissen aus, die in der marxistisch-leninistischen Staats- und Rechtstheorie allgemein anerkannt sind.

Erstens: Solange Staat und Recht in der einheitlichen kommunistischen Gesellschaftsformation als notwendige Organisationsformen und Instrumente der Arbeiterklasse und ihrer Verbündeten zur Machtausübung existieren, – von der Errichtung des sozialistischen Staates als erstem Schritt in der proletarischen Revolution bis zu ihrer Aufhebung in der öffentlichen Gewalt der international siegreichen kommunistischen Gesellschaft –, gibt es nur einen Typ des sozialistischen Staates und Rechts. Anders gesagt: Der Einheitlichkeit der Gesellschaftsformation entspricht die Einheitlichkeit ihrer staatlichen und rechtlichen Organisationsformen. Das festzuhalten, gebietet sowohl der exakte Umgang mit Kategorien der Staats- und Rechtstheorie und damit die in diesen Kategorien widergespiegelte Gesetzmäßigkeit der staatlichen und rechtlichen Wirklichkeit als auch vor allem die ideologische und politische Tragweite jener Aussage. So umschließt der Nachweis eines einheitlichen sozialistischen Staatstyps die wissenschaftliche Unhaltbarkeit aller jener maoistischen und revisionistischen Versuche, die den sozialistischen Staat des ganzen Volkes in einen Gegensatz zum sozialistischen Staat der Diktatur des Proletariats zu bringen versuchen. Jener Ausgangspunkt macht es unmöglich, den sozialistischen Staat des ganzen Volkes, wie er heute allein in der UdSSR besteht, als Negation des Klassenwesens des sozialistischen Staates und damit der Führungsrolle der Arbeiterklasse und ihrer marxistisch-leninistischen Partei herzustellen. Staatstheoretische Analysen der Wirklichkeit sozialistischer Staaten sowohl in der Übergangsperiode vom Kapitalismus zum Sozialismus als auch des Sowjetstaates in der reifen sozialistischen Gesellschaft in der UdSSR beweisen, daß alle sozialistischen Staaten durch einheitliche Gesetzmäßigkeiten (Prinzipien) charakterisiert sind: durch die Führungsrolle der Arbeiterklasse und ihrer marxistisch-leninistischen Partei; durch den demokratischen Charakter und die demokratische Form der staatlichen Macht; durch das Wirken des sozialistischen Staates als Hauptinstrument zur Bewältigung der historischen Aufgaben der Arbeiterklasse; durch das internationalistische Wesen der sozialistischen Staatsmacht.

Zweitens: So wie die einheitliche kommunistische Gesellschaftsformation unterschiedliche Phasen (bzw. Entwicklungsetappen) hat, ist der einheitliche Typ des sozialistischen Staates der historischen Entwicklung unterworfen. Ganz in diesem Sinne hat W. I. Lenin in „Staat und Revolution" hervorgehoben, daß der Sozialismus nicht „etwas Totes, Erstarrtes, ein für allemal Gegebenes" ist, sondern „erst mit dem Sozialismus die rasche, wirkliche, wahrhafte Vorwärtsbewegung der Massen auf allen Gebieten des öffentlichen und persönlichen Lebens, zunächst unter Teilnahme der Mehrheit der Bevölkerung und später der gesamten Bevölkerung, einsetzen wird".

Der sozialistische Staat unterliegt auch innerhalb der kommunistischen Gesellschaftsformation den Gesetzmäßigkeiten der Gesellschaftsentwicklung. Er entwickelt sich mit der Gesellschaft. Die unterschiedlichen Entwicklungsstufen der sozialistischen und kommunistischen Gesellschaft bewirken verschiedene Entwicklungsetappen (bzw. Entwicklungsphasen, beide Begriffe werden hier synonym verwendet) des einheitlichen sozialistischen Staatstyps, eine differenzierte historische Ausprägung der den sozialistischen Staatstyp kennzeichnenden einheitlichen Gesetzmäßigkeiten. So gesehen sind der sozialistische Staat des ganzen Volkes, wie er heute in der UdSSR nach dem Erreichen der reifen, entwickelten sozialistischen Gesellschaft existiert, und der sozialistische Staat der Diktatur des Proletariats, wie er z. B. in den anderen europäischen sozialistischen Staaten der sozialistischen Staatengemeinschaft besteht, zwei unterschiedliche Entwicklungsetappen des einheitlichen sozialistischen Staatstyps. Der sozialistische Staat des ganzen Volkes in der UdSSR ist – nach den Worten L. I. Breshnews – das Ergebnis der gesetzmäßigen Entwicklung der Diktatur des Proletariats, „die natürliche Entwicklung des Staates der Diktatur des Proletariats". Mit anderen Worten: Der sozialistische Staat des ganzen Volkes hat Klassencharakter, ist ein Staat, in dem die Arbeiterklasse und ihre marxistisch-leninistische Partei führen. Das hat er mit jedem Staat der Diktatur des Proletariats gemeinsam. Die Reife der Arbeiterklasse und ihrer Partei, die Annäherung der anderen werktätigen Klassen und Schichten an die Arbeiterklasse, die Herausbildung einer gesellschaftlichen Homogenität zwischen allen Klassen und Schichten der Gesellschaft, die Überwindung der Ausbeuterklasse und ihrer Überreste in der Gesellschaft machen es allerdings nunmehr in der reifen sozialistischen Gesellschaft in der UdSSR möglich, die Führungsrolle der Arbeiterklasse und ihrer Partei im sozialistischen Staat umfassender und tiefer, in höherer Qualität zu verwirklichen. Es sind nunmehr alle in der Gesellschaft existierenden Klassen und Schichten unmittelbar an der Ausübung der staatlichen Macht der Arbeiterklasse beteiligt.

Wenn die theoretischen und praktischen Konsequenzen der Forderung des VIII. Parteitages der SED, im Prozeß der Gestaltung der entwickelten sozialistischen Gesellschaft in der DDR das Klassenwesen der staatlichen Macht weiter auszuprägen, von uns staatstheoretisch durchleuchtet werden sollen, so haben wir, ausgehend vom Klassenwesen des einheitlichen sozialistischen Staatstyps, nach dem Wirken der allgemeinen Gesetzmäßigkeiten des sozialistischen Staates in der DDR zu fragen. Mit anderen Worten: In welcher Entwicklungsetappe sich der sozialistische Staat befindet, ist allein nach objektiven Kriterien zu entscheiden. Das meint z. B. G. Husak, wenn er in diesem Zusammenhang vor jeder Art von Subjektivismus warnt: „Nur auf diesem Fundament, in Zusammenarbeit mit den anderen kommunistischen Parteien und bei schöpferischer Auswertung ihrer Erfahrungen können sie Folgerungen für den Übergang von der Diktatur des Proletariats zum Staat des ganzen Volkes ziehen. Andernfalls gerät man in das Gebiet der Utopie, wenn man beginnt, isoliert, ‚auf ganz neue Art', jedoch völlig unreal neue politische Formen, aufdecken zu wollen. Das führt zwangsläufig dazu, die Rolle der kommunistischen Partei und des sozialistischen Staates herabzusetzen und löst letzten Endes Handlungen aus, die im Widerspruch zum Marxismus-Leninismus stehen".

Daher wurde im Lehrbuch versucht, den sozialistischen Staat der DDR in der Gegenwart vor allem durch das Sichtbarmachen seiner Entwicklungstendenzen und der ihnen zugrunde liegenden gesellschaftlichen Veränderungen zu charakterisieren. Es geht also um die Dialektik von sozialistischem Staat und sozialistischer Gesellschaft, nicht um formales Bekenntnis zu dieser oder jener Kategorie, zu dem einen oder anderen Begriff.

Unter den marxistisch-leninistischen Staats- und Rechtstheoretikern werden heute in Verwertung der Diskussionen über die Entwicklungsetappen der sozialistischen Gesellschaft folgende auch unserem Lehrbuch zugrunde gelegten Etappen des sozialistischen Staates und Rechts fixiert:

1. Von der Errichtung der Arbeiter-und-Bauern-Macht in der proletarischen Revolution bis zum Aufbau (der Gestaltung) der entwickelten sozialistischen Gesellschaft besteht der sozialistische Staat als Staat der Diktatur des Proletariats. Der sozialistische Staat und sein Recht sind dabei dadurch charakterisiert, daß sie als Hauptinstrument zur sozialistischen Umgestaltung der kapitalistischen Gesellschaft wirken, zur Überwindung des Antagonismus zwischen sozialistischen und nichtsozialistischen Produktionsverhältnissen sowie des Klassengegensatzes Proletariat – Bourgeoisie. Der sozialistische Staat

ist das entscheidende Machtinstrument der Arbeiterklasse, um die Klassenfrage zugunsten der Arbeiterklasse und der mit ihr verbündeten Werktätigen zu entscheiden. Diese Aufgaben werden im wesentlichen erfüllt bis zum erfolgreichen Aufbau der Grundlagen des Sozialismus, bis zum Sieg der sozialistischen Produktionsverhältnisse. Nach dem Sieg der sozialistischen Produktionsverhältnisse kommt es für den sozialistischen Staat der Diktatur des Proletariats darauf an, die Vorzüge der sozialistischen Gesellschaftsordnung zu entfalten, die Überreste der früheren Ausbeuterklasse ökonomisch, politisch und ideologisch zu beseitigen und die entwickelte sozialistische Gesellschaft zu gestalten.
In diesem Entwicklungsstadium befinden sich die sozialistischen Staaten in Europa außer der Sowjetunion. Darauf verwies L. Breshnew auf dem Weltkongreß der kommunistischen und Arbeiterparteien im Jahre 1969: „Die 60er Jahre werden in der Geschichte des Weltsozialismus einen besonderen Platz einnehmen. Gerade in diesem Jahrzehnt haben viele Bruderländer die Schaffung der Grundlagen des Sozialismus beendet und sind zum Aufbau der entfalteten sozialistischen Gesellschaft übergegangen. Die immer reifer werdende sozialistische Ordnung nutzt die Vorzüge ihrer ökonomischen und sozialpolitischen Organisation, den ihr innewohnenden wahren Demokratismus immer vollständiger aus".
Insofern hat der Staat der Diktatur des Proletariats in der DDR nach dem Sieg der sozialistischen Produktionsverhältnisse eine höhere Entwicklungsstufe gegenüber dem Staat der Diktatur des Proletariats in der Periode des Aufbaus der Grundlagen des Sozialismus erreicht. Es gibt nunmehr keine Ausbeuterklassen mehr, wohl aber noch bestimmte Überreste von ihnen. Hinzu kommt, daß Staat und Gesellschaft nicht allein von den positiven Veränderungen in der objektiven sozial-ökonomischen Struktur aus analysiert werden können. Es bedarf auch der Untersuchung des Bewußtseinsstandes und der Verhaltensweisen der einzelnen Klassen und Schichten. So haben sich bei Mitgliedern aller Klassen und Schichten trotz veränderter klassenmäßiger Stellung Relikte bürgerlicher und kleinbürgerlicher Verhaltensweisen gehalten, die gesellschaftlich nicht unrelevant sind. Das alles zusammen bewirkt einen Reifegrad der sozialistischen Gesellschaft, der – wie die Erfahrungen der internationalen Arbeiterbewegung bewiesen haben – die Gefahr einer kapitalistischen Restauration noch nicht völlig ausschließt. Der sozialistische Staat der Diktatur des Proletariats wirkt als Hauptinstrument der Arbeiterklasse zur Überwindung dieser Widersprüche und zum Schutz der sozialistischen Gesellschaft. Er schafft damit Voraussetzungen für den späteren Übergang zum sozialistischen Staat des ganzen Volkes.
2. Nach dem Sieg des Sozialismus, in der reifen, entwickelten sozialistischen Gesellschaft, in der nunmehr der Übergang zum Kommunismus beginnt, wird der sozialistische Staat zum sozialistischen Staat des ganzen Volkes. In dieser Entwicklungsperiode befindet sich gegenwärtig allein der Sowjetstaat. Die wichtigste Voraussetzung für diese höhere Stufe der Entwicklung des sozialistischen Staatstyps sind die ausschließliche Herrschaft sozialistischer Produktionsverhältnisse, die nunmehr eine volle Entfaltung der Produktivkräfte zur Schaffung der materiell-technischen Basis des Kommunismus möglich machen; der darauf beruhende Prozeß einer fortgeschrittenen Annäherung der Klassen und Schichten an die Arbeiterklasse sowie die Vervollkommnung der sozialen Beziehungen in der Gesellschaft im Sinne einer wachsenden sozialen Homogenität. Unter diesen Bedingungen wird die Weltanschauung der Arbeiterklasse immer ausgeprägter zur gesellschaftlichen Denk- und Verhaltensweise der Gesamtheit der Werktätigen. Es entfällt nunmehr die Gefahr einer kapitalistischen Restauration. Auf Grund dieser Faktoren erreicht der sozialistische Staat in seinem Klasseninhalt, in seinen Formen und in seinen Tätigkeits-

prinzipien eine größere Reife, die mit dem Terminus sozialistischer Staat des ganzen Volkes im Parteiprogramm der KPdSU umschrieben wird.
Dabei sei auch an dieser Stelle nochmals betont, daß die staats- und rechtstheoretischen Veröffentlichungen in der UdSSR wie vor allem die Wirklichkeit des sozialistischen Sowjetstaates keinen Zweifel daran zulassen, daß es sich beim sozialistischen Staat des ganzen Volkes nicht um eine Aufhebung des Klassencharakters des sozialistischen Staates handelt, sondern um dessen qualitative Ausprägung. Die revisionistischen und maoistischen Versuche, die Theorie vom sozialistischen Staat des ganzen Volkes unter Berufung auf die von Marx in seiner Kritik des Gothaer Programms vorgenommene Auseinandersetzung mit der Auffassung Lassalles vom Volksstaat sind leicht durchschaubar und widerlegbar. Die Volksstaatsauffassung Lassalles wurde von Marx zu Recht als für die Arbeiterklasse unannehmbar kritisiert, weil mit ihr behauptet wurde, der bürgerliche Staat, die bürgerliche Republik könne als Volksstaat qualifiziert werden. Das bedeutete eine Negation des Klassenwesens des bürgerlichen Staates, ein Abhalten der Arbeiterklasse von jeder Art revolutionärer Zerschlagung des bürgerlichen Staatsapparates, die reformistische Illusion, vom bürgerlichen Staat sozialistische Politik zu erwarten. Damit hat die marxistisch-leninistische Theorie vom sozialistischen Staat des ganzen Volkes nichts gemein. Der sozialistische Staat des ganzen Volkes ist ebenso wie der Staat der Diktatur des Proletariats Macht der Arbeiterklasse, hat also Klassencharakter.

Wesen und Entwicklungsetappen des sozialistischen Rechts

Einer der entscheidenden Ansatzpunkte, um das Klassenwesen des sozialistischen Rechts darzustellen, ist das Verhältnis von sozialistischem Staat und sozialistischem Recht. Die Ausarbeitung der Gesetzmäßigkeiten dieses Verhältnisses ist daher für jedes Lehrbuch der Staats- und Rechtstheorie von großer Bedeutung. Dabei ist zu berücksichtigen, daß das Verhältnis von Staat und Recht Gegenstand scharfen ideologischen Klassenkampfes und eines der bevorzugten Themen der bürgerlichen Ideologen ist. Die marxistisch-leninistische Position zu den Beziehungen zwischen Staat und Recht weiter auszuarbeiten, ist erforderlich, um rechtsrevisionistische Verleumdungen zurückzuweisen, die behaupten, die sozialistische Rechtsordnung sei auf etatistischem Voluntarismus gegründet. Zugleich müssen alle jene Argumente zurückgewiesen werden, der Sozialismus sei zu errichten und zu entwickeln ohne Recht, weil dieses immer letztlich zur Versklavung der Menschen führe.
Das Lehrbuch begreift das sozialistische Recht als Verkörperung der staatlichen Macht der Arbeiterklasse und ihrer Verbündeten. Der Wille der Arbeiterklasse kann nur dann Recht werden, wenn diese sich unter Führung ihrer marxistisch-leninistischen Partei mittels des sozialistischen Staates zur herrschenden Klasse erhoben hat. Das sozialistische Recht ist unlösbar an den sozialistischen Staat gebunden. Das ist eine wichtige Wesenseigenschaft des sozialistischen Rechts. Der im Recht ausgedrückte Wille ist immer zum Gesetz erhobener Klassenwille, d. h. staatlich formierter Klassenwille. Dieser staatliche Charakter des sozialistischen Rechts durchdringt alle Wesenszüge dieses Rechts, so z. B. seine Normativität und seine Allgemeinverbindlichkeit. Wir sind im Lehrbuch mit aller Konsequenz davon ausgegangen, daß nur der sozialistische Staat z. B. Subjekt der Rechtssetzung sein kann. Gesellschaftliche Organisationen können diese Qualität nur erlangen, insoweit sie vom Staat zur Rechtsetzung beauftragt und ermächtigt sind.
Genauso undenkbar ist es, daß der im sozialistischen Recht ausgedrückte Wille der

Arbeiterklasse ohne den Staat für das Handeln der Menschen bestimmend werden kann. Der sozialistische Staat wendet das Recht an, organisiert dessen Einhaltung durch die Bürger, Kollektive und Staatsfunktionäre. Dazu bedient er sich ideologischer, ökonomischer sowie organisatorischer Mittel, nicht zuletzt auch des staatlichen Zwangs.
Der staatliche Zwang ist deshalb notwendiges Merkmal des sozialistischen Rechts, auf den bei der Realisierung des Rechts nicht verzichtet werden kann. Eine zweite Frage ist, daß dieser staatliche Zwang sich prinzipiell in seinem Inhalt, in seiner Zielsetzung und in seinen Formen vom staatlichen Zwang der Bourgeoisie zur Garantie ihres Rechts unterscheidet. Für das sozialistische Recht ist typisch, daß Zwangsanwendung immer mit Überzeugungsarbeit verbunden ist.
Zum anderen ist das sozialistische Recht ein wichtiger Faktor, um die gesellschaftliche Wirksamkeit des Staates zu gewährleisten. Daraus ergibt sich u. a. das Prinzip der sozialistischen Gesetzlichkeit und die von ihm geforderte Bindung der staatlichen Organe an die Rechtsnormen. Allerdings ist hier in Abgrenzung zu bürgerlichen Rechtsstaatsauffassungen hervorzuheben, daß Bindung sozialistischer Staatsorgane an das sozialistische Recht nicht heißt, den sozialistischen Staat niemals absoluten und klassenneutrale Rechtsprinzipien unterzuordnen. Die Bindung der Staatsorgane an die geltenden Rechtsnormen ist ein wichtiges Mittel, um die Interessen, Verhaltensweisen und Verhaltensmaßstäbe der Arbeiterklasse und der gesamten Gesellschaft durchzusetzen.
In diesem Zusammenhang ist es daher beispielsweise ein wichtiges Anliegen des Lehrbuchs, zu möglichst abgewogenen Aussagen über die Rolle des sozialistischen Rechts als staatliches Leitungsinstrument zu kommen. Wir haben uns dabei von schematischen und vereinfachenden Auffassungen über die Beziehungen zwischen staatlicher Leitung und Recht, zwischen Leitungsentscheidungen und Rechtsnormen abzugrenzen bemüht. Das Recht ist *ein* aber nicht das alleinige Leitungsinstrument. Die Beschlüsse (Entscheidungen) der marxistisch-leninistischen Partei werden über vielfältige staatliche Leitungsentscheidungen wirksam, nicht nur über solche in Form des Rechts. Eine schematische und undifferenzierte Überhöhung des sozialistischen Rechts als alleiniges Leitungsinstrument, als die Hauptmethode der staatlichen Leitung, verdeckt die tatsächliche Rolle des Rechts im Leitungsprozeß und verhindert deshalb Aussagen zu der wichtigen Problematik, wo und wie mittels des Rechts die Beschlüsse der marxistisch-leninistischen Partei am effektivsten verwirklicht werden können.
Die Einheit von sozialistischem Staat und sozialistischem Recht betrifft nicht nur die rechtstheoretischen Teile des Lehrbuchs. Sie hat auch Bedeutung für die staatstheoretischen Kapitel. So können z. B. das Wesen und Wirken des sozialistischen Staates als Hauptinstrument der Arbeiterklasse und ihrer Partei nicht hinreichend erklärt werden, wenn nicht auch auf das sozialistische Recht als wichtiges Instrument zur allgemeinverbindlichen Durchsetzung der Interessen und Ziele der Arbeiterklasse in der Gesellschaft Bezug genommen wird. Oder: Die Rolle des sozialistischen Staates im System der politischen Organisation der sozialistischen Gesellschaft macht es unbedingt erforderlich, auch das sozialistische Recht als eine notwendige Bedingung für das Funktionieren der politischen Organisation der sozialistischen Gesellschaft zu behandeln.
Das sozialistische Recht ist immer, in allen Entwicklungsphasen und Etappen der sozialistischen Gesellschaft, Ausdruck und Instrument der Verwirklichung der historischen Mission der Arbeiterklasse. Es hat immer Klassencharakter. Genauso wie es nur einen einheitlichen sozialistischen Staatstyp gibt, existiert auch nur ein einheitlicher sozialistischer Rechtstyp.
Zugleich durchläuft das sozialistische Recht mit den verschiedenen Etappen des sozialisti-

schen und kommunistischen Aufbaus verschiedene Entwicklungsstufen. Sie sind durch Veränderungen in der sozialen Basis des sozialistischen Rechts, in seinen Funktionen und in seiner gesellschaftlichen Wirksamkeit gekennzeichnet. Immer aber handelt es sich um Entwicklungsstufen innerhalb des einheitlichen sozialistischen Rechtstyps, um Etappen der Entfaltung und Ausprägung des Klassencharakters des sozialistischen Rechts.
In der marxistisch-leninistischen Staats- und Rechtstheorie werden – analog den Entwicklungsetappen des sozialistischen Staates – heute allgemein zwei Entwicklungsetappen des sozialistischen Rechts unterschieden:
1. Von der Errichtung des sozialistischen Staates an bis zum erfolgreichen Aufbau der entwickelten sozialistischen Gesellschaft ist das sozialistische Recht Recht der Diktatur des Proletariats. Es hat alle jene Aufgaben mit seinen spezifischen Mittel zu erfüllen, vor denen die staatliche Macht der Arbeiterklasse in dieser Zeit steht. Es ist ein wichtiges Instrument der staatlich herrschenden Arbeiterklasse, um den Antagonismus zwischen Kapital und Arbeit vollständig zu lösen und den Sieg des Sozialismus zu erreichen.
2. In der entwickelten sozialistischen Gesellschaft und mit dem beginnenden Aufbau des Kommunismus wird das sozialistische Recht zum Recht des sozialistischen Staates des ganzen Volkes. Diese Stufe ist heute in der Sowjetunion erreicht. Für dieses sozialistische Recht ist bestimmend, daß es den Willen des ganzen, von der Arbeiterklasse und ihrer Partei geführten Volkes ausdrückt. Das ist nunmehr möglich, weil die letzten Überreste der Ausbeuterklasse beseitigt sind und weil sich infolge der Annäherung der Klasse der Genossenschaftsbauern und der anderen Werktätigen an die Arbeiterklasse auf der Grundlage der Interessen und Ideale der Arbeiterklasse eine bestimmte soziale Homogenität der sozialistischen Gesellschaft herausgebildet hat. Es gibt in dieser Gesellschaft keine Klassengegensätze mehr. Das sozialistische Recht des ganzen Volkes hilft mit, die noch bestehenden Klassenunterschiede allmählich zu beseitigen.
Wie für den sozialistischen Staat des ganzen Volkes, so gilt auch für das sozialistische Recht des ganzen Volkes, daß es nicht aufgehört hat und aufhört, Klassencharakter zu haben. Auch diese reifere Entwicklungsetappe des sozialistischen Rechts ist dadurch gekennzeichnet, daß das sozialistische Recht des ganzen Volkes, als Verkörperung des einheitlichen sozialistischen Rechtstyps, Ausdruck und Instrument der historischen Mission der Arbeiterklasse ist, was vor allem in der führenden Rolle der Arbeiterklasse und ihrer marxistisch-leninistischen Partei auf rechtlichem Gebiet Ausdruck findet.
In der marxistisch-leninistischen Staats- und Rechtstheorie der Gegenwart wird das sozialistische Recht unterschiedlich definiert. Die Geschichte der marxistisch-leninistischen Staats- und Rechtstheorie belegt ebenfalls, daß es zu verschiedenen Zeiten unterschiedliche Definitionen in dieser Frage gegeben hat. Einer der hauptsächlichsten Streitpunkte in den Diskussionen über die Definition des sozialistischen Rechts war und ist die Frage, ob das sozialistische Recht als Einheit von Rechtsnormen und Rechtsverhältnissen definiert werden muß. Im Lehrbuch wird die Position vertreten, daß diese Diskussionen im Interesse der Entwicklung und Weiterentwicklung der Staats- und Rechtstheorie notwendig sind. Zugleich gehen wir mit Engels davon aus, daß Definitionen immer nur einen beschränkten Erkenntniswert haben können. Es ist daher zu beachten, daß den verschiedenen Definitionen unterschiedliche Bedingungen und Zielsetzungen zugrunde liegen.
Eine Definition des sozialistischen Rechts kann nur dessen wesentliche Eigenschaften widerspiegeln. Mit anderen Worten: Der Begriff des sozialistischen Rechts ist nicht mit dem Ganzen des sozialistischen Rechts, d. h. mit allen Seiten der Wirklichkeit des sozialistischen Rechts gleichzusetzen. Der von uns im Lehrbuch gegebenen Definition liegt

die Auffassung zugrunde, daß das sozialistische Recht von folgenden allgemeinen und wesentlichen Zusammenhängen bestimmt ist: durch das Klasseninteresse der Arbeiterklasse, das auf den ökonomischen Entwicklungsbedingungen der sozialistischen Gesellschaft beruht und das im Staatswillen Niederschlag findet; dadurch, daß dieses Klasseninteresse in einem System von Rechtsnormen Ausdruck findet, die der Regelung gesellschaftlicher Verhältnisse entsprechend den historischen Zielen der Arbeiterklasse dienen; dadurch, daß die Rechtsnormen mittels eines Systems organisatorischer und ideologischer Mittel und, wenn es sein muß, staatlicher Zwangsanwendung gesichert und geschützt werden. Davon ausgehend, kommt das Lehrbuch zu folgender Definition: Das sozialistische Recht ist das System allgemeinverbindlicher Normen, die den letztlich von den sozialistischen Produktionsverhältnissen bestimmten staatlichen Willen der Arbeiterklasse und der von ihr geführten Werktätigen ausdrücken, vom Staat festgelegt oder sanktioniert oder garantiert werden – wenn nötig auch mit staatlichem Zwang – und als Instrument (Regulator) die Entwicklung der gesellschaftlichen Verhältnisse mit dem Ziel der Errichtung des Sozialismus und Kommunismus fördern und schützen.

Die Autoren des Lehrbuches sind sich dabei einig, daß diese Definition des sozialistischen Rechts als eines Systems von Normen nicht bedeuten kann, die anderen Bestandteile des sozialistischen Überbaus in ihrer Bedeutung zu schmälern. Rolle und Bedeutung der anderen Bestandteile des staatlich-juristischen Überbaus werden u. E. gerade dadurch deutlich, daß der normative Charakter des sozialistischen Rechts hervorgehoben wird. Es ist allerdings auch nicht zu verkennen, daß umgekehrt der normative Charakter des sozialistischen Rechts erst mit seinen Beziehungen zu den anderen Bestandteilen des staatlich-juristischen Überbaus sinnvoll wird.

Der internationalistische Charakter des sozialistischen Staates

Es ist ein zentrales Anliegen des Lehrbuches, das internationalistische Wesen des sozialistischen Staates deutlich zu machen. Hinsichtlich dieser Problematik wird davon ausgegangen, daß der internationalistische Charakter des sozialistischen Staates Ausdruck des internationalistischen Wesens der Arbeiterklasse ist. Der internationalistische Charakter ist demzufolge keine Eigenschaft, die dem sozialistischen Staat nur auf einer bestimmten Entwicklungsstufe zukommt. Der sozialistische Staat ist vielmehr vom Beginn seiner Existenz an zugleich internationalistisch. Das beweist sehr eindrucksvoll die Entwicklung des Sowjetstaates.

Diese Problematik ist in der staats- und rechtstheoretischen Literatur bisher relativ wenig erforscht. Wir sind daher bemüht, bei möglichst vielen Grundfragen des sozialistischen Staates und Rechts dieses Problem sichtbar zu machen oder zumindest entsprechende Fragestellungen zu entwickeln. Darüber hinaus haben wir ein abschließendes Kapitel konzipiert, in dem das internationalistische Wesen des sozialistischen Staates nochmals zusammengefaßt dargelegt wird. Es ist vielleicht von Interesse, daß diese Überlegungen von sowjetischen Staates- und Rechtstheoretikern besonders begrüßt wurden. Im Lehrbuch wird versucht, zu verdeutlichen, daß die weitere Ausprägung des Klassencharakters des sozialistischen Staates und Rechts die zielstrebige Entfaltung des internationalistischen Charakters beider impliziert. Das hat Bedeutung für die Darstellung aller Grundkategorien der Staats- und Rechtstheorie. Das bedeutet z. B. bei der Lehre von den Funktionen des sozialistischen Staates die Verwirklichung des internationalistischen Wesens nicht auf äußere Formen des sozialistischen Staates zu reduzieren, sondern in allen Funktionen sichtbar zu machen. So schließt, um ein anderes Beispiel zu erwähnen, die Souveränität des sozialistischen Staates den proletarischen Internationalismus unabdingbar ein. Oder: Das internationalistische Wesen des sozialistischen Staates äußert sich auch in den Formen des sozialistischen Staates. Mit der Entwicklung der sozialistischen Staaten innerhalb der sozialistischen Staatengemeinschaft vollzieht sich eine bestimmte Annäherung der Formen der sozialistischen Staaten im Sinne der Ausprägung ihrer allgemein formbestimmenden Prinzipien, ohne daß diese andererseits zu Uniformität in den Formen führt.

Das Lehrbuch kann allerdings nicht den Anspruch erheben, alle mit dem internationalistischen Wesen des sozialistischen Staates verbundenen Problemkreise nach ihren verschiedenen Seiten hin schon erkannt und erfaßt zu haben. Viele der einschlägigen Fragestellungen bedürfen zunächst erst einmal einer monographischen Bearbeitung. Das betrifft nicht zuletzt Probleme der Rechtstheorie.

Das Lehrbuch veranschaulicht, wie sich der internationalistische Charakter des sozialistischen Staates mit der Entwicklung des revolutionären Weltprozesses entfaltet und mit dem Entstehen der sozialistischen Staatengemeinschaft eine neue Qualität erlangt. Unter diesen Bedingungen ist die Entfaltung des internationalistischen Charakters des sozialistischen Staates nur in der Gemeinschaft der sozialistischen Staaten real möglich. Erst als festes Glied der sozialistischen Staatengemeinschaft kann heute ein sozialistischer Staat sein Wesen und seine Funktionen voll wirksam werden lassen. Daraus ergibt sich eine äußerst wichtige, in Lehre und Forschung gleichermaßen zu berücksichtigende theoretische Schlußfolgerung: Die Stärkung des eigenen sozialistischen Staates, die Erhöhung der gesellschaftlichen Wirksamkeit seiner Funktionen kann nicht losgelöst von jenem Beitrag erfolgen, den jeder einzelne sozialistische Staat zur Stärkung der sozialistischen Staatengemeinschaft zu erbringen hat. Es ist deshalb nicht zutreffend, allein in der Stärkung des eigenen sozialistischen Staates den Beitrag eines jeden Bruderstaates zu erblicken, den er zur Festigung der sozialistischen Staatengemeinschaft in der internationalen Klassenauseinandersetzung mit dem Imperialismus zu erbringen hat. Die allseitige Stärkung und Festigung des eigenen sozialistischen Staates kann nur dauerhaft sein, wenn sie mit der Stärkung der gesamten Staatengemeinschaft einhergeht. Darin spiegelt sich das Prinzip des sozialistischen Internationalismus wider, das sich aus den Klasseninteressen der in den einzelnen Ländern an der Macht befindlichen Arbeiterklasse ergibt und aus denen die entscheidenden Gemeinsamkeiten zwischen den sozialistischen Staaten erwachsen.

Martin Posch

GRUNDLEGENDE AUFGABEN UND FUNKTION DES ZIVILGESETZBUCHES IM SOZIALISTISCHEN RECHTSSYSTEM

Dem in diesem Jahr von der Volkskammer zu verabschiedenden Zivilgesetzbuch (ZGB) kommt auf verschiedenen Bezugsebenen besondere rechtspolitische und wissenschaftliche Bedeutung zu.

So wäre für eine Untersuchung der Beziehungen zwischen Rechtswissenschaft und Gesetzgebung zunächst hervorzuheben, daß diese Kodifikation ein Ergebnis jahrelanger gemeinsamer Bemühungen von Theorie und Praxis um Erkenntnis und Bewertung der rechtlich zu erfassenden realen Zusammenhänge und Prozesse und um Kriterien sowie Gestaltung ihrer Regelung darstellt. Hervorzuheben wäre weiter, daß in allen Stadien der Arbeit an der Kodifikation die in der UdSSR und den anderen sozialistischen Staaten gewonnenen theoretischen Erkenntnisse und praktischen Erfahrungen verwertet wurden. Zu erwähnen wäre, daß hier – wie bei der Verabschiedung anderer größerer Gesetzeswerke – auch Entscheidungen über Probleme der Gestaltung des Gesetzes und seiner Normen getroffen werden müssen, über deren beste Lösung eine abschließende theoretische Klärung noch aussteht. Doch soll hier nicht von dem der Gesetzgebung vorausgehenden Erkenntnisprozeß, nicht von dem Wege bis zur Entstehung der Kodifikation die Rede sein, sondern von ihrer rechtspolitischen Bedeutung in ihrer Anwendung und ihrer zu erwartenden Wirkungen.

Diese rechtspolitische Bedeutung beruht zunächst darauf, daß mit der Kodifikation nicht nur erstmals die gesellschaftlichen Wandlungen in dem von ihr erfaßten Regelungsbereich rechtlich verankert werden, sondern daß nunmehr auch mit Hilfe der zivilrechtlichen Normen durchgängig auf die Ziele des weiteren Voranschreitens der Gesellschaft, auf die Überwindung überlebter Denk- und Verhaltensweisen, auf Verhaltensweisen sozialistischer Persönlichkeiten im gesellschaftlichen Zusammenleben orientiert wird.

Diese Orientierungen beruhen auf dem erreichten Stand der politischen und ökonomischen Entwicklung. So werden bei der Regelung der Rechte und Pflichten nicht künftige oder wünschenswerte Möglichkeiten vorweggenommen, vielmehr wird das bereits heute Realisierbare zugrunde gelegt; die Regelung orientiert zwar auf die weitere Entwicklung und auf deren Ziele, sie beinhaltet jedoch bereits gegenwärtig reale Rechte und Pflichten.

Die rechtspolitische Bedeutung der Kodifikation beruht weiterhin darauf, daß mit diesem Gesetz umfassend wechselseitige Verhältnisanforderungen, Rechte, Pflichten und Verantwortlichkeiten a l l e r Bürger und der Betriebe im allgemeinen gesellschaftlichen Zusammenleben geregelt werden; die Orientierungen dieses Gesetzes auf sozialistische Verhaltensweisen tragen damit im Rahmen der sozialistischen Rechtsordnung weitgehend allgemeingültigen und elementaren Charakter. Dies zeigt sich z. B. an elementaren Verhaltensgrundsätzen des 5. Teils des ZGB-Entwurfs über den Schutz des Lebens, der Gesundheit und des Eigentums vor Schadenszufügung (so z. B. § 324 über die Pflicht zur Vermeidung von Schäden und Gefahren: „Bürger und Betriebe sind verpflichtet, sich so zu verhalten, daß das Leben und die Gesundheit der Bürger nicht verletzt werden und dem sozialistischen Eigentum sowie dem Eigentum der Bürger kein Schaden entsteht"). Es zeigt sich ebenso in der Neuregelung der gegenseitigen Beziehungen zwischen Betrieben und Bürgern bei der Versorgung mit materiellen und kulturellen Gütern und Leistungen, die von den Pflichten der Vertragspartner zur Zusammenarbeit und zur Wahrung der Grundsätze der sozialistischen Moral bestimmt werden (s. §§ 14 und 44, die in weiteren Vorschriften durch konkretere Regelungen ergänzt werden.)

Die rechtspolitische Bedeutung der Kodifikation im Zusammenhang mit gleichzeitig zu erlassenden sie ergänzenden anderen Gesetzen und Normativakten (Gesetz über das Verfahren in Zivil-, Familien- und Arbeitsrechtssachen, Einführungsgesetz zum ZGB, Gesetz über internationale Wirtschaftsverträge, Rechtsanwendungsgesetz, Verkehrsgesetzgebung, Notariatsgesetz, Grundbuchordnung, Neuregelung des Rechts der Vereinigungen) ergibt sich ferner daraus, daß mit ihrem Inkrafttreten die letzten bislang noch geltenden umfangreichen Gesetzeswerke aus der kapitalistischen Zeit, vor allem das BGB, das HGB, die ZPO und eine ganze Reihe weiterer Gesetze und Rechtsakte aufgehoben werden; darüber hinaus wird eine lange Liste von Restbeständen alter Normen gegenstandslos. Das Gesetz ermöglicht somit eine umfassende Bereinigung unseres Rechts von veralteten Normen aus der kapitalistischen Aera.

Das Zivilgesetzbuch enthält keine abschließende Regelung des Zivilrechts. Zivilrechtsnormen finden sich auch in anderen Gesetzen und anderen Normativakten, so besonders im Urheberrecht und in der Verkehrsgesetzgebung; Zivilrechtsnormen sollen auch in die geplante Gesetzgebung über das Gesundheitswesen Aufnahme finden (Es kann in diesem Zusammenhang dahingestellt bleiben, ob die Normen des Gesetzes über internationale Wirtschaftsverträge dem Zivilrecht oder einem internationalen Wirtschaftsrecht zuzuordnen sind; jedenfalls schließt der Geltungsbereich dieses Gesetzes die unmittelbare Anwendung des Zivilgesetzbuches als materielles Recht für internationale Wirtschaftsverträge aus, es käme nur noch eine entsprechende Heranziehunng zur Ausfüllung von Lücken in Betracht).

Zum anderen enthält das Zivilgesetzbuch nicht nur zivilrechtliche Normen, sondern in seinem 4. Teil auch einen geschlossenen Komplex von Regeln über die Nutzung von Grundstücken und Gebäuden zum Wohnen und zur Erholung, die allgemein nicht zum Zivilrecht, sondern zum Bodenrecht gezählt werden (Für die Aufnahme dieser Bestimmungen in das ZGB sprachen verschiedene Gründe:

1. Eine Neuregelung dieser Materie wird mit Außerkraftsetzung des BGB unumgänglich.
2. Dieser Normenkomplex beschränkt sich auf die Regelung von Rechtsbeziehungen, an denen Bürger beteiligt sind und ordnet sich unter diesem Aspekt in den Geltungsbereich des ZGB ein.
3. Für diesen Bereich bodenrechtlicher Beziehungen sind die allgemeineren Normen des Zivilrechts, insbesondere des Vertragsrechts geeignet, herangezogen zu werden.
4. Die Voraussetzungen für eine umfassende Gesetzgebung des Bodenrechts sind noch nicht gegeben.)

Da das Zivilgesetzbuch gegenseitige Rechte und Pflichten im allgemeinen Zusammenleben zwischen den einzelnen Gliedern der Gesellschaft regelt, somit wechselseitige Verhaltensanforderungen für alle Bürger und alle anderen Rechtssubjekte aufstellt, tragen seine Regeln zugleich in bestimmter Beziehung allgemeineren Charakter gegenüber den Regeln anderer Bereiche des Rechts, die besondere Beziehungen zum Gegenstand haben (wie auch z. B. andererseits die Normen des Staats- und Verwaltungsrechts, die unmittelbar die Beziehungen zwischen Bürgern und Staatsorganen betreffen, allgemeineren Charakter tragen als speziellere Normen des Staats- und Verwaltungsrechts, die die Beziehungen von Staatsorganen untereinander oder zu Betrieben regeln).

Dieser weitgehend allgemeingültige Charakter der Normen des Zivilrechts, der darauf beruht, daß sich diese Regeln an alle Normadressaten richten und weiterhin darauf, daß diese Normen Rechtsbeziehungen im allgemeinen gesellschaftlichen Zusammenleben zwischen sämtlichen Gliedern der Gesellschaft betreffen, gestattet es, daß diese folgerichtig allgemein normierten Verhaltensanforderungen des Zivilrechts für speziellere rechtliche Regelungen ergänzend herangezogen werden, die bestimmte Arten von Beziehungen des gesellschaftlichen Zusammenlebens zum Gegenstand haben. Eine ergänzende Heranziehung der allgemeinen Normen des Zivilrechts kommt dabei insoweit in Betracht, als in den anderen Rechtsmaterien keine spezielleren Normen gegenüber der zivilrechtlichen Regelung erlassen und erforderlich sind. So erscheint es z. B. nicht erforderlich, die im Zivilgesetzbuch in §§ 356 f. normierte Pflicht zur Rückgabe von unberechtigt erlangten Leistungen (Kondiktionsrecht) in anderen Rechtsgebieten, in denen derartige Sachverhalte ebenfalls auftreten können, in gleicher Weise nochmals zu regeln, so z. B. im Arbeitsrecht, im Familienrecht, im Wirtschaftsrecht, im LPG-Recht und Genossenschaftsrecht und im Sozialversicherungsrecht. Eine Parallelregelung erschiene nur dort und nur insoweit geboten als Abweichungen geboten sind. (Der bisher durch das EGGBA normierte Ausschluß, zivilrechtliche Bestimmungen für das Arbeitsrecht heranzuziehen, war und ist zu rechtfertigen, so lange das BGB gilt. Es besteht jedoch kein hinreichender Grund, derartige Schranken zwischen den Rechtszweigen aufzustellen, sobald durch ein sozialistisch gestaltetes Zivilrecht allgemeingültige rechtliche Anforderungen an sozialistische Verhaltensweisen aufgestellt werden).

Die Regeln des Zivilgesetzbuches, die Rechtsbeziehungen der Bodennutzung und des Eigentums an Boden und Gebäuden betreffen, an denen Bürger beteiligt sind, können ebenfalls auf andere Rechtssubjekte Anwendung finden, soweit sich ihre Rechte und Pflichten nach denselben allgemeinen Grundsätzen zu richten haben, so z. B. die Bestimmungen der §§ 316 f. über die Beziehungen zwischen benachbarten Bodennutzern, die auch für das Verhältnis zwischen Betrieben und sonstigen Organisationen untereinander herangezogen werden können. Die Vorschriften zum Schutz des Lebens, der Gesundheit und des Eigentums vor Schadenszufügung (§§ 323 ff.) mit ihren allgemeinen Verhaltenspflichten zur Schadensverhütung und Gefahrenabwehr sowie zur Wiedergutmachung von Schäden betreffen nach ihrer Funktion im sozialistischen Recht und nach ihrer Anlage nicht nur Beziehungen von Bürger zu Bürger sowie zwischen Bürgern und Betrieben, sondern auch die Verhaltenspflichten von Betrieben (und sonstigen Organisationen) untereinander, soweit für diese Beziehungen keine spezielleren Beziehungen erforderlich sind und erlassen werden. Dasselbe gilt für einen großen Teil der Vorschriften des zweiten Teils und zwar sowohl für die Vorschriften über das sozialistische Eigentum wie für die Vorschriften über den Erwerb und Schutz des Eigentums.

Die Vorschriften des Zivilgesetzbuches können ferner mittelbar über § 2 des Vertragsgesetzes auch für Rechtsbeziehungen des Wirtschaftsrechts ergänzend herangezogen werden (so z. B. die Vorschriften über Vertretung und Vollmacht).

Der Entwurf des Zivilgesetzbuches verzichtet folgerichtig auf eine abgrenzende Bestimmung des Anwendungsbereichs der zivilrechtlichen Normen (vgl. auch die in dieser Beziehung nicht eingrenzende Fassung des § 48); damit soll die Möglichkeit zur ergänzenden Heranziehung zivilrechtlicher Normen über ihren unmittelbaren Geltungsbereich hinaus offen gehalten werden.

Es geht hierbei weder um die Konservierung eines historisch längst überholten Primats des Zivilrechts gegenüber anderen Rechtszweigen noch um eine gesetzestechnische Notlösung zur Ausfüllung von Gesetzeslücken in anderen Bereichen, vielmehr um das Primat der Einheit des sozialistischen Rechts und dessen zweckmäßige Gesamtstruktur. Bei der Gestaltung des Zivilgesetzbuches wurde dem Vorrang der Einheit des sozialistischen Rechts besonderes Gewicht beigemessen. Dies kommt nicht nur in der Präambel zum Ausdruck, sondern in der Ausgestaltung des gesamten Gesetzes, besonders in der normativen Verankerung der gemeinsamen Aufgaben der staatlichen Organe und der Betriebe für die Versorgung der Bevölkerung mit Wohnraum, Konsumgütern und Dienstleistungen (s. z. B. § 5 und § 94), in der Verankerung von Mitwirkungsrechten der Bürger bei der Gestaltung der gesellschaftlichen Beziehungen, also auch in der Aufnahme von Normen, die nach herkömmlicher Auffassung nicht von zivilrechtlicher „Rechtsnatur" sind. Es zeigt sich weiterhin auch darin, daß der Entwurf jede Abkapselung der Normen und ihrer Anwendbarkeit gegenüber den anderen Bereichen des sozialistischen Rechts vermeidet.

Bei der hierin zum Ausdruck kommenden Einordnung der besonderen Funktionen einzelner rechtlicher Bereiche unter die Gesamtfunktion des sozialistischen Rechts geht es nicht in erster Linie um eine zweckmäßige Struktur des Rechtssystems, sondern um die Wahrung der politisch-ideologischen Wirkung der Rechtsordnung. Das Rechtsbewußtsein wird weit weniger durch einzelne gesetzliche Vorschriften oder Gesetze oder gar durch die Einordnung von Normen in den einen oder anderen Rechtszweig beeinflußt, entscheidend ist vielmehr die gesamtheitliche Wirkung des sozialistischen Rechts auf das Rechtsbewußtsein, auf sozialistische Verhaltensweisen, auf die Überwindung nachwirkender kleinbürgerlicher Gewohnheiten und Vorstellungen. Diese ganzheitliche Wirkung der sozialistischen Rechtsordnung setzt ihre Übereinstimmung mit den sozialistischen Verhaltensmaximen, dem Moralkodex, ihre möglichst harmonische und abgewogene Ausgestaltung von Verhaltensanforderungen voraus. Je widerspruchsfreier und verständlicher, je stabiler und überschaubarer Verhaltensanforderungen und rechtliche Bewertungen in den einzelnen Bereichen des Rechts aufeinander abgestimmt sind, je eher sie sich kontinuierlich aus elementaren im gesellschaftlichen Bewußtsein lebendigen Verhaltensmaximen ableiten lassen, desto eher wird die in ihnen enthaltene Orientierung des Gesetzgebers wirksam, desto besser wirken sie Rechtsverletzungen entgegen.

Da sich kein nach Rechtszweigen zerlegbares Rechtsbewußtsein bilden kann, da das Recht in seiner Geschlossenheit auf das Bewußtsein wirkt und Verhaltensweisen beeinflußt, ergab sich auch bei dieser Gesetzgebungsarbeit die Forderung, um einheitliche Grundprinzipien und um eine harmonische Einordnung der Regelungen in das Gefüge des sozialistischen Rechts bemüht zu sein, eine Aufgabe, die die Ausgestaltung dieses Gesetzeswerkes maßgebend bestimmt hat.

Auf den einheitlichen Grundprinzipien des sozialistischen Rechts bauen die notwendig verschiedenartigen speziellen Regelungen der einzelnen Bereiche auf, auf ihnen müssen sie aber auch durchgängig fußen. Dabei ist es keine prinzipielle Frage, wo sich – außerhalb der in der Verfassung niedergelegten Grundsätze – die elementarsten Grundzüge der Regelung gegenseitigen Verhaltens finden. Es lag jedoch nahe, diese elementaren Verhaltensgrundsätze in Gesetzeswerken zu verankern, die sich an jeden Bürger richten, also einmal in dieser Kodifikation des Zivilrechts, zum anderen bietet sich eine analoge Einordnung in denjenigen Normen des Staats- und Verwaltungsrechts an, die allgemein die Rechte und Pflichten der Bürger bei der politischen Machtausübung und ihre Beziehungen zu den Organen des Staates regeln.

Aus diesem Grunde wurde gerade bei der Arbeit an dieser Kodifikation besonderes Gewicht auf weitestgehende Klarheit, Überschaubarkeit, Verständlichkeit und einprägsame Formulierung der Verhaltensprinzipien für das gesellschaftliche Zusammenleben zwischen den einzelnen Bürgern und Betrieben zum Schutz und zur Abwehr von Gefahren und Schäden sowie für das Zusammenwirken zwischen Betrieb und Bürger bei der Versorgung mit materiellen und kulturellen Gütern und Leistungen gelegt.
Aus diesem Grunde wurden ferner diese grundlegenden Verhaltensanforderungen so bestimmt, daß sie über den unmittelbaren Anwendungsbereich der zivilrechtlichen Normen hinaus als Verhaltensmaximen wirken und für die rechtliche Beurteilung ergänzend herangezogen werden können.
Bei den Vorarbeiten zur Kodifikation wurde demgemäß auf die Einordnung des Gesetzes in das Gesamtgefüge des sozialistischen Rechts besonders geachtet und eine Überbetonung von Besonderheiten vermieden, die nur zu leicht in der wissenschaftlichen Diskussion als das Wesentliche erscheinen. Dies war um so mehr erforderlich, als die Gefahr der Überbetonung von Besonderheiten mit der Spezialisierung zunimmt, mit einer Spezialisierung, der wir nicht auszuweichen vermögen. Mit ihr verbindet sich spontan die Suche nach paßgerechten, separaten Prinziplösungen, eigenen Rechtsgrundsätzen, Methoden, Begriffsbildungen, Wertungen und Ausdrucksweisen und eben das begünstigt eine positivistische Zerfaserung unseres Rechts auf Kosten seiner geschlossenen Wirksamkeit und seiner geschlossenen theoretischen Erfassung. Diese Gefahr beginnt häufig schon bei Versuchen, einen Bereich von Normen als völlig eigenständige, von anderen deutlich abzugrenzende Disziplin zu manifestieren, und diese Tendenzen nehmen natürlich auch mit der Spezialisierung der juristischen Kader zu.
Wenn die vorliegende Kodifikation in ihrer Anlage einer derartigen Zersplitterung entgegenwirkt, bedeutet dies keineswegs Auflösung der Ordnung und Systematisierung des Normengefüges, bedeutet dies keineswegs Aufhebung der Besonderheiten, die dem Zivilrecht im Verhältnis zum Staatsrecht, zum Arbeitsrecht, zum Wirtschaftsrecht usw. eigen sind. Es muß betont werden, daß es darauf ankam, jede Überbetonung von Besonderheiten gegenüber der Einheit zu vermeiden, da eine solche Methode die Trennung, die Abgrenzung von Rechtsprinzipien, von Begriffen und Methoden auch dort zur Folge gehabt hätte, wo eine solche Abgrenzung nicht erforderlich und nicht zu rechtfertigen ist. Jede Kultivierung der Besonderheiten behindert das Streben nach weitmöglichster Einheit und Abgestimmtheit der Sprache, der Begriffe, damit der Verständlichkeit und Verständigung sowohl für den Bürger als auch für die wissenschaftliche Erfassung und Verallgemeinerung. Letztlich behindert dies auch die Rationalität und Überschaubarkeit des gesamten sozialistischen Rechts und behindert die Integration von elementaren stabilen Verhaltensanforderungen in das gesellschaftliche und individuelle Rechtsbewußtsein und deren Wirkung auf das Moralbewußtsein.
Bei den Vorarbeiten zum Zivilgesetzbuch wurde der richtigen Einordnung der Gesamtinteressen in die gesellschaftlichen Erfordernisse und Möglichkeiten, der Abwägung des Regelungsumfanges entsprechend den Geboten der Rechtssicherheit, der Verständlichkeit und Überschaubarkeit sowie dem Verhältnis von dispositiver und zwingender Normierung besondere Aufmerksamkeit gewidmet. Es wurde bei vielen Regelungen eingehend geprüft, welcher Raum zu eigenverantwortlicher Entscheidung dem Bürger als sozialistischer Persönlichkeit einzuräumen ist und von ihm auch erwartet werden darf. Nur so war es möglich, sozialistische Persönlichkeiten und sozialistische Beziehungen als Maß der gesetzlichen Regelung zu erfassen, Persönlichkeiten und Beziehungen, die niemals aus dem Zwang einer Regelung erwachsen.

Der Charakter des ganzen Gesetzes ist geprägt durch die in der Präambel verankerte Bestimmung der Funktion des Zivilrechts als Teil des einheitlichen Rechts, durch die Orientierung auf den aktiven Einsatz der Bürger und ihrer Kollektive zur Mehrung und zum Schutz des sozialistischen Eigentums, zu ihrer umfassenden Mitwirkung an der Gestaltung der Arbeits- und Lebensbedingungen und an der Entwicklung eines sozialistischen Gemeinschaftslebens sowie auf ihr verantwortungsbewußtes Handeln bei der Verhütung und Abwehr von Schäden an Leben und Gesundheit. Diese Ziele bestimmen die Ausgestaltung der individuellen Rechte und Pflichten der Bürger untereinander, ebenso der Rechte und Pflichten der Bürger und Betriebe in ihrem Verhältnis zueinander. Von dieser Funktion und Aufgabe des Zivilrechts her sind die allgemeinen Verhaltensanforderungen zum Schutz vor Schäden ausgestaltet; von dieser Funktionsbestimmung des Zivilrechts her waren die persönlichen und gesellschaftlichen Risiken bei Schadensereignissen abzuwägen.

Das in der Präambel hervorgehobene Prinzip der Einheit von Rechten und Pflichten und der Übereinstimmung der persönlichen Interessen mit den gesellschaftlichen Erfordernissen beherrscht die Gestaltung der Rechtsverhältnisse durch das Zivilgesetzbuch. Der Bruch mit der Ausgestaltung von Rechtsbeziehungen durch das BGB zeigt sich bereits in der Pflicht der Bürger und Betriebe, ihre wechselseitigen Beziehungen in Wahrnehmung der ihnen obliegenden gesellschaftlichen Verantwortung zu gestalten (Abs. 5 der Präambel).

Einheit von Rechten und Pflichten bedeutet selbstverständlich nicht Identität zwischen Recht und Pflicht, bedeutet aber auch nicht formelle strukturelle Einheit zwischen beiden. (So gibt es keine rechtliche oder moralische Pflicht, etwa einen individuellen Anspruch geltend machen oder gerichtlich durchsetzen zu müssen; die Neuregelung orientiert vielmehr darauf, auftretende Konflikte im gemeinsamen Bemühen gütlich beizulegen). Das Prinzip der Einheit von Rechten und Pflichten ist ein politisches Prinzip, das der sozialistischen Gesellschaft eigen ist, das die Gesamtheit ihrer Rechts- ebenso wie ihrer Moralnormen umfaßt. Dieses Prinzip war und ist der Ausbeutergesellschaft (trotz gegenseitiger Deklarationen) fremd: Die Ausbeutung erfolgte mit den Titeln subjektiver Rechte unter dem Schein der formellen Rechtsgleichheit der bürgerlichen Gesellschaft oder mit rechtlichen Privilegien wie in der feudalen Gesellschaft, während die Last der Pflichten die ausgebeuteten Klassen traf und trifft.

Einheit von Rechten und Pflichten bedeutet bei der Leitung des Staates und der Wirtschaft Einheit von Entscheidungsbefugnis, Verantwortung und Rechenschaftspflicht und bestimmt die Ausgestaltung der entsprechenden Normen des Staats-, Verwaltungs- und Wirtschaftsrechts. Die Einheit zeigt sich in dem vom Zivilrecht geregelten Regelungsbereich in der Schutzfunktion der Ausgestaltung von Verantwortung und Rechtspflichten; das Prinzip der Einheit von Rechten und Pflichten besagt, daß es in der sozialistischen Gesellschaft keine Privilegien, keine Entscheidungsbefugnis ohne Verantwortung geben kann und daß erhöhter Rechtsschutz für alle Bürger nur durch erhöhte Anforderungen an verantwortungsbewußtes Verhalten aller zu erreichen ist.

Dieser Zusammenhang wird schon in den ersten Bestimmungen des Gesetzbuches deutlich. So trägt z. B. § 4 des Entwurfs die Überschrift „Schutz der Rechte der Bürger und des sozialistischen Eigentums"; im Text dieser Vorschrift ist jedoch nur von Pflichten die Rede, und zwar heißt es dort: „Das Zivilrecht verpflichtet alle Betriebe und Bürger, sich gegenüber dem Leben, der Gesundheit und der Persönlichkeit der Bürger, dem sozialistischen Eigentum und dem Eigentum der Bürger verantwortungsbewußt zu verhalten. Es ist darauf gerichtet, Rechtsverletzungen vorzubeugen sowie Schäden und Gefahren von Bürgern und Betrieben abzuwenden".

Wenn die Überschrift von Rechten spricht, während im Text der Vorschrift nur Pflichten formuliert werden, so ist dies kein Widerspruch, denn der Schutz der Rechte der Bürger und des sozialistischen Eigentums ist so real, wie die im Gesetz formulierten Pflichten eingehalten werden.

Die Anforderungen an das wechselseitige Verhalten der Bürger und Betriebe sind in diesem Gesetzbuch gegenüber der bisherigen Regelung erhöht worden und entsprechen den für die sozialistische Gesellschaft charakteristischen Erwartungen an das gegenseitige Verhalten, an gegenseitige Achtung und Sorge füreinander. So sind die Pflichten der Vertragspartner zur gegenseitigen Zusammenarbeit und Interessenwahrung wesentlich erweitert, weiterhin kann z. B. künftig die Haftung wegen vorsätzlicher und grobfahrlässiger Pflichtverletzungen nicht mehr ausgeschlossen oder eingeschränkt werden, während das BGB eine Freizeichnung von der Haftung selbst bei vorsätzlicher Schädigung des Gläubigers durch die eigenen Mitarbeiter des Schuldners zuließ.

Mit dem Zivilgesetzbuch werden erstmals allgemeine Pflichten zur Verhütung von Schäden und zur Abwendung von Gefahren normiert und es gelten weitaus strengere Maßstäbe der Verantwortlichkeit für Schadenszufügung. Der in der Neuregelung ausgedrückten Erwartung verantwortungsbewußter und solidarischer Einsatzbereitschaft bei der Verhütung und Abwehr von Schäden entspricht zugleich ein weiterer dem BGB ebenfalls fremder Rechtsgrundsatz: Derjenige, der diesen Anforderungen gemäß Hilfe leistet und dabei selbst Nachteile erleidet, hat Anspruch auf Ersatz; bei Einsätzen zur Abwehr von Gefahren für Leben und Gesundheit, im Interesse der öffentlichen Ordnung und Sicherheit, insbesondere bei Unglücksfällen oder Katastrophen, wird der Ersatz durch die Gesellschaft über die Staatliche Versicherung geleistet.

Die Einheit von Rechten und Pflichten wird keineswegs dadurch verletzt, daß im neuen Zivilgesetzbuch in einer ganzen Reihe von Vorschriften strengere Anforderungen an Betriebe gestellt werden, daß ihnen erhöhte Pflichten gegenüber den Bürgern auferlegt werden, Regelungen, die den Bürgern zugute kommen und die nicht mit erweiterten Rechten der Betriebe korrespondieren. Dies zeigt sich sowohl in den Bestimmungen über die Aufgaben der Betriebe für die planmäßige und bedarfsgerechte Versorgung der Bevölkerung wie auch in ihrer erweiterten Verantwortlichkeit für Schadenszufügung, von der sie nur unter weitaus strengeren Voraussetzungen als die Bürger befreit werden. Diese erhöhten Pflichten der Betriebe als Partner der Bürger, die ja auch das Arbeitsrecht kennt, sind Ausdruck des Rechts aller Bürger, das sozialistische Eigentum zu nutzen; sie entsprechen in Wahrung der Einheit von Rechten und Pflichten der Pflicht aller Bürger, dieses Eigentum zu mehren und zu schützen.

Das Zivilgesetzbuch erweitert den Schutz der Rechte der Bürger und des gesellschaftlichen Eigentums in den Regeln des Eigentumsrechts, der Versorgungsbeziehungen und den Vorschriften zum Schutz vor Schadenszufügung wesentlich vor allem durch die Bestimmung allgemeiner und vertraglicher Verhaltenspflichten.

Zugleich wird die Aufgabe, die Belange der Bürger und das gesellschaftliche Eigentum zu schützen, entgegen der früheren Regelungsmethode nicht erst der repressiven Funktion der Sanktionsandrohung überlassen. Dies zeigt sich besonders im Inhalt und im Aufbau des Gesamtkomplexes der Vorschriften zum Schutz des Lebens, der Gesundheit und des Eigentums vor Schadenszufügung, in denen – im Gegensatz zum bisher geltenden Recht – die elementaren Verhaltenspflichten im allgemeinen gesellschaftlichen Zusammenleben zwischen Bürgern und Betrieben den Kern und Ausgangspunkt der Regelung bilden. Im Gegensatz zum alten Deliktsrecht setzt die Regelung damit nicht mehr eine eingetretene Rechtsverletzung voraus, sondern orientiert auf ihre Vermeidung.

Obwohl dieses Gesetz durchgängig nicht auf den Konfliktfall zugeschnitten ist, obwohl sich weder der Inhalt noch der Aufbau des Normenmaterials am Konflikt orientieren, erwies es sich dennoch als notwendig, bei allen Regelungen mögliche Konfliktsituationen zu berücksichtigen, um ihnen vorzubeugen, um die Verhaltensanforderungen dementsprechend zu bestimmen und um die Sanktionen bei eintretenden Rechtsverletzungen wirksam zu gestalten; es galt darauf zu achten, daß auch eine nicht vom Konfliktfall beherrschte Regelung sich bei der Reaktion auf eintretende Pflichtverletzungen, bei der Lösung auftretender persönlicher und gesellschaftlicher Widersprüche zu bewähren hat.
Dennoch blieb bei der Ausgestaltung jeder Sanktion zu berücksichtigen, daß – wie erwähnt – die Wirksamkeit des Schutzes der Belange der Bürger und des gesellschaftlichen Eigentums weitweniger auf den einzelnen Sanktionen als vielmehr auf der bewußtseinsbildenden und disziplinierenden Funktion der sozialistischen Rechtsordnung in ihrer Einheit bemüht, auf ihrer ganzheitlichen Zielstellung, auf der Rechtspolitik und ihrer Richtung, auf ihrer Klarheit, auf ihrer Kontinuität und auf ihrer Eignung, Motivationen zu bilden und zu beeinflussen. Das bedingt die Identifizierung des Bürgers als Normadressaten mit den vom Recht an ihn gestellten Anforderungen.
Eine Identifizierung des Bürgers mit diesen Anforderungen wiederum setzt Rechtssicherheit und wirksamen Rechtsschutz der im Einklang mit den gesellschaftlichen Erfordernissen stehenden persönlichen Belange voraus. Aus diesem Grunde war im Zivilgesetzbuch den mit den gesellschaftlichen Erfordernissen im Einklang stehenden persönlichen Belangen der Vorrang vor allgemeinen erzieherischen Erwägungen einzuräumen und wurde eine einseitige Überbetonung der Erziehungsfunktion vermieden.
Dies gilt vor allem für diejenigen Fälle, in denen Erziehungsfunktion und Schutzfunktion zu widersprechenden Ergebnissen führen können. Eine bloße Berücksichtigung der Erziehungsfunktion hätte es z. B. nahegelegt, den Schädiger nach Maßgabe der Schwere seines Verschuldens zum vollen oder nur zu einem anteiligen Schadenersatz heranzuziehen, um mit einer solchen Differenzierung der Schadenersatzpflicht ähnlich wie im Arbeitsrecht erzieherisch zu wirken. Die Belange des Geschädigten wären aber dadurch beeinträchtigt worden. Er hätte eine solche erzieherische Differenzierung mit dem Nachteil bezahlen müssen, nur bedingt Ausgleich für den erlittenen Schaden zu erhalten. Die zivilrechtliche Regelung gibt hier der Schutzfunktion den Vorrang und will erreichen, daß der Geschädigte grundsätzlich im vollen Umfang Wiedergutmachung des erlittenen Schadens von demjenigen beanspruchen kann, der für die Zufügung des Schadens verantwortlich ist.
Für die Charakteristik eines Gesetzeswerkes ist der Klasseninhalt der Regelung, ist deren Übereinstimmung mit den geschichtlichen Erfordernissen entscheidend, nicht die Struktur seiner Regelungen. Dennoch wäre es verfehlt, die Wirksamkeit der strukturellen Ordnung des Normengefüges – vor allem bei größeren Gesetzeswerken – zu unterschätzen. Die Wirkung dieser strukturellen Ordnung erstreckt sich auf die Verständlichkeit der Regelung und ihres Zusammenhanges mit anderen Regeln, auf ihre rechtspolitische Einordnung in bestimmte Zusammenhänge, auf die Interpretation der Bestimmungen und ihre praktische Anwendung, auf die Integration der Normen in die in der Gesellschaft lebendigen Rechtsvorstellungen, in das sozialistische Rechtsbewußtsein. Das Funktionieren der Regelung hängt damit auch von ihrer strukturellen Gestaltung ab.
Die Struktur des Zivilgesetzbuches steht im Gegensatz zu den Strukturprinzipien des BGB. Das Gesetz bricht nicht nur im Inhalt, sondern auch in seiner strukturellen Ordnung bewußt mit dem bürgerlichen deutschen Privatrecht. Dieser Bruch ist in unserem Lande in besonderem Maße historisch notwendig, als hier der Begriffswelt des bürger-

lichen Privatrechts eine mächtige Tradition bürgerlicher Rechtsvorstellungen anhaftet. Diese Begriffswelt hat im bürgerlichen Deutschland wohl ihre weiteste Ausprägung erfahren und hat das juristische theoretische und praktische Denken einer eigenständigen, anspruchsvollen Methodik und einem komplizierten System logischer formeller Zusammenhänge und Kategoriensysteme unterworfen. Würden die Züge dieser früheren Ordnungsprinzipien aufrecht erhalten bleiben, würde damit bei uns in weit höherem Maße als in einem anderen sozialistischen Land ein unbewußtes und ungewolltes Weiterwirken einer historisch überlebten Vorstellungswelt und Methodik begünstigt.

Es ist hier und heute nicht meine Aufgabe, das deutsche bürgerliche Privatrecht zu analysieren. Es soll jedoch auf Grundstrukturen dieser privatrechtlichen Regelung hingewiesen werden, um ihnen die sozialistischen Strukturen des Zivilgesetzbuchs gegenüberzustellen. Als Grundstrukturen der privatrechtlichen Regelung seien genannt:

- die abstrakte Person als höchste juristische Abstraktion der Personifikation des Kapitals,
- die Privatautonomie als die zeitlose Gültigkeit beanspruchende rechtlich garantierte Freiheit der Herrschaft des Privateigentums,
- das subjektive Recht als abstrakte Zuordnung einer privaten Rechtsmacht zur Durchsetzung privater Interessen im Konkurrenzkampf.

Neben diesen die gesamte Regelung des deutschen bürgerlichen Privatrechts bestimmenden Strukturen erscheinen als wichtigste formale Grundbegriffe und Rechtsvorstellungen, die die Systematik des Normengefüges bestimmen, die Lehre vom Rechtsgeschäft und das Vertragsdogma als juristischer Reflex der kapitalistischen Anarchie der Produktion, bei der die Subjekte keine andre Bindung zueinander haben als im zufälligen einzelnen Austauschakt, herbeigeführt durch das Rechtsgeschäft, verbunden durch den einzelnen Vertrag und voneinander gelöst durch seine Erfüllung. Als weitere Grundvorstellung, die der Ordnung und Systematisierung jenes Rechts zugrunde liegt, sei hier die juristische Dogmatik und Ausgestaltung des Eigentums nur erwähnt. Sie reduziert das Eigentum auf isolierte Beziehungen abstrakter Subjekte zu abstrakten Sachen, die damit jeden Klassencharakters entkleidet sind.

Mit der Einordnung aller privatrechtlichen Regeln in das von diesen Strukturen und Vorstellungen bestimmte System einer gegenüber der gesellschaftlichen Wirklichkeit eigenständigen rechtlichen Logik scheint auch die Regelung selbst von der gesellschaftlichen Realität gelöst, soll als höchstes Produkt eines jahrhunderte-, ja jahrtausende währenden Erkenntnis- und Abstraktionsprozesses und als zeitlos gültiger Maßstab rechtlicher Ordnung und Beurteilung gelten.

Der Bruch mit dieser Vorstellungswelt und den ihr zugehörigen Strukturen erfolgt im Zivilgesetzbuch durch die Bestimmung der Stellung des Bürgers, seiner Mitwirkung, seiner Rechte und Pflichten und durch die besondere Ausgestaltung seiner Verantwortlichkeit für Pflichtverletzungen, weiterhin durch die Stellung der Betriebe als Partner der Bürger durch die Aufgaben, die sie bei der Versorgung der Bevölkerung mit materiellen und kulturellen Gütern und Leistungen zu erfüllen haben, durch ihre Aufgaben als Sachwalter gesellschaftlichen Eigentums, durch ihre besondere Verantwortung und durch die besondere Ausgestaltung ihrer Verantwortlichkeit für Pflichtverletzungen.

Diese Regelung entbehrt nicht der Abstraktion wie jede rechtliche Regelung der Abstraktion bedarf. Der Abstraktionsprozeß verläuft aber hier in einer völlig anderen Richtung: es wird nicht von der gesellschaftlichen Realität, es wird nicht im Rahmen eines autonomen juristischen Begriffssystems abstrahiert, sondern Begriffe und Strukturen werden von den Erfordernissen der zu regelnden Beziehungen und von den rechts-

politischen Zielen ihrer Regelung bestimmt und an ihnen gemessen, hieraus leiten sich typisierbare Verhaltensanforderungen und Rechte für Bürger und Betriebe ab.
Mit der Bestimmung der Stellung der Bürger und der Stellung der Betriebe, ihrer Aufgaben und der differenzierten Verhaltensanforderungen sind die Strukturen der abstrakten Person und der Privatautonomie beseitigt. Sie sind beseitigt in der normativen Bestimmung des sozialistischen Eigentums, in den Vorschriften über die Ausübung der Befugnisse aus dem sozialistischen Eigentum und in der Ableitung des persönlichen Eigentums vom sozialistischen Eigentum; sie sind beseitigt in dem umfassenden Recht der Bürger und ihrer Kollektive auf Mitwirkung an der Entwicklung des politischen, wirtschaftlichen und kulturellen Lebens und in der Einordnung der Aufgaben der Betriebe bei der Versorgung der Bevölkerung in die gesellschaftliche Planung, wie überhaupt die gesellschaftliche Planung auch dieser Prozesse jede Privatautonomie ausschließt.
Das subjektive Recht ist im neuen Zivilgesetzbuch kein Elementarbegriff rechtlicher Ordnung und ihrer Strukturen. War das subjektive Recht im Privatrecht der abstrakten Person zugewiesene Rechtsmacht zur Verfolgung privater Interessen, beinhaltet der Begriff subjektives Recht in der sozialistischen Rechtsordnung rechtlich garantierte Entscheidungsbefugnis zur Bestimmung eigener und korrespondierender Verhaltensweisen im sozialistischen Zusammenleben zum Zwecke der eigenverantwortlichen Wahrung objektiver persönlicher und kollektiver Interessen im Einklang mit der gesellschaftlichen Entwicklung. Bürger und Betriebe erscheinen nicht mehr als isolierte Warenbesitzer, als Vermögenssubjekte, als bloße Träger privater Vermögensrechte und -pflichten; sie erscheinen in der neuen rechtlichen Regelung gemäß ihrer wirklichen Stellung als Gestalter der gesellschaftlichen Entwicklung.
Die dem deutschen bürgerlichen Recht eigene Trennung zwischen Schuld- und Sachenrecht mit ihrer juristischen Auseinanderreißung einheitlicher gesellschaftlicher Verhältnisse in verselbständigte und ihrer Rechtsnatur nach gegensätzliche obligatorische und dingliche Rechtsbeziehungen ist sowohl mit der inhaltlichen Bestimmung als auch mit der strukturellen Neuordnung des Zivilrechts aufgehoben. Damit werden weder die Begriffe des Schuldverhältnisses noch des dinglichen Rechts und deren rechtliche Strukturen beseitigt; wesentlich ist vielmehr, daß diese Strukturen nicht mehr den Aufbau des Gesetzes und die Ordnung seiner Regeln bestimmen, ja sie werden in der Sprache des Gesetzes nicht mehr verwandt.
Da die im neuen Zivilgesetzbuch geregelten Rechtsverhältnisse nicht mehr als Beziehungen zwischen einzelnen Warenbesitzern erscheinen, wurden auch die Denkschemata des bürgerlichen Vertragsdogmas hinfällig: die Wirkungen der Verträge sind – im Gegensatz zum bisherigen Recht – nicht mehr grundsätzlich auf die zwei Vertragspartner begrenzt. So erstrecken sich die Mängelansprüche des Käufers aus dem Kaufvertrag nicht nur gegen den Verkäufer, sondern auch gegen den Hersteller (§ 151). Nicht nur die Vertragsparteien haben zusammenzuwirken; sie sind mit Rechten und Pflichten eingebunden in die gesellschaftlichen Beziehungen. Das Mietverhältnis erscheint nicht mehr als bloßes zweiseitiges Vertragsverhältnis, sondern bezieht in seine Neuregelung die reale Gemeinschaft der Mieter ein. Die vertragliche Verantwortlichkeit für Pflichtverletzungen besteht nicht nur dem Vertragspartner gegenüber, soweit die Leistungen nach dem Zweck des Vertrages auch anderen dienen sollen oder an sie zu übertragen sind (§ 82 Abs. 3).
Die Lehre vom Rechtsgeschäft als dogmatischer Rahmen gestattete es dem bürgerlichen deutschen Privatrecht, juristische Zusammenhänge in einem System von Begriffen aufzubauen, die den Anschein erweckten, als ob freie Willensentscheidungen gleichberech-

tigter Individuen die Rechte und Pflichten und ihre Ausgestaltung bestimmen würden. Die außerordentlich komplizierte Hierarchie des zur Lehre vom Rechtsgeschäft gehörenden Begriffssystems machte dem Nichtjuristen das Verständnis der Regelung völlig unmöglich. Der gegenseitige schuldrechtliche Vertrag als häufigste Erscheinungsform des Rechtsgeschäfts erschien in dieser der alten Regelung eigenen Dogmatik unter den Begriffsebenen des Rechtsgeschäfts und den weiteren Unterscheidungen zwischen empfangsbedürftigen und nicht empfangsbedürftigen Willenserklärungen, einseitigen und gegenseitigen Rechtsgeschäften, dem Begriff des Vertrages, den weiteren Regeln über schuldrechtliche Verträge neben dem einseitigen schuldrechtlichen Vertrag als eine von vielen Erscheinungsformen des Rechtsgeschäfts.

In der Neuregelung, die nicht mehr von strukturellen juristischen Eigenarten der geregelten rechtlichen Beziehungen bestimmt wird, bildet dagegen der gegenseitige Vertrag das Modell der Regelung, die analog auch auf andere Rechtsverhältnisse und einseitige Rechtsgeschäfte anwendbar ist (§ 48). Damit wird das System der bürgerlichen Lehre vom Rechtsgeschäft in den Strukturen des Gesetzes beseitigt. Die Regelung orientiert sich am Typischen, wird dadurch verständlich und kann auf eine Fülle formaler Relationen zwischen juristischen Kategorien verzichten.

Das Eigentum erscheint im Zivilgesetzbuch nicht mehr als abstraktes absolutes Recht, sondern es ist geregelt nach dem Prinzip der Einheit von Rechten und Pflichten in seiner differenzierten sozialen Bestimmung als sozialistisches Eigentum und zwar als Volkseigentum, als Eigentum sozialistischer Genossenschaften und Eigentum gesellschaftlicher Organisationen der Bürger im Einklang mit der Verfassung. Das persönliche Eigentum wird erfaßt in seiner Funktion zur Befriedigung materieller und kultureller Bedürfnisse der Bürger und ihrer Entwicklung zu sozialistischen Persönlichkeiten.

Das erwähnte Primat der Einheit des sozialistischen Rechts vor den Besonderheiten seiner Bereiche oder Zweige wird im weiteren historischen Prozeß der sozialistischen Integration einem Vorrang der Einheit der internationalen sozialistischen Rechtsprinzipien vor verzichtbaren Besonderheiten nationaler Einzelregelungen einzuordnen sein. Mit der wachsenden sozialistischen Integration beginnt gesetzmäßig ein Prozeß der Annäherung, der Angleichung, der Harmonisierung und der teilweisen Vereinheitlichung rechtlicher Regelungen, zunächst auf Gebieten, bei denen sich die Rechtsordnungen am engsten berühren, vor allem des internationalen Wirtschaftsrechts, des Verkehrsrechts sowie sonstiger Regelungen, die über die Staatsgrenzen hinaus wirken. Davon werden zunächst noch nicht die Rechtsverhältnisse erfaßt, die vom Zivilgesetzbuch geregelt sind.

Ein Vergleich des vorliegenden Entwurfs des Zivilgesetzbuches mit den Kodifikationen des Zivilrechts anderer sozialistischer Länder zeigt eine ganze Reihe von Unterschieden, die sowohl von unseren Juristen wie auch von den Juristen anderer sozialistischer Länder aufmerksam registriert werden.

Diese Unterschiede reflektieren zum Teil einen verschiedenen Stand der ökonomischen Entwicklung, sie entsprechen weiterhin unterschiedlichen Bedingungen der Einordnung der zivilrechtlichen Normen in das jeweils bestehende Gesamtgefüge rechtlicher Regelungen. Diese unterschiedlichen Bedingungen betreffen vor allem die jeweiligen Strukturen der Ausgestaltung und Einordnung der die Wirtschaft betreffenden Normen, ihrer Zuordnung zu staats- und verwaltungsrechtlichen Regelungen einerseits und zur zivilrechtlichen Regelung andererseits, sie betreffen auch in weiteren Bereichen die Unterstellung unter zivilrechtliche oder verwaltungsrechtliche Zuständigkeiten und Regelungsmethoden sowie die Unterordnung der jeweiligen Regelung unter bestimmte Verantwortlichkeitsprinzipien.

Daraus folgen offensichtliche Unterschiede sowohl in einzelnen Regelungen wie in den Ordnungen und Gliederungen des Normengefüges.

Abgesehen von dem unterschiedlichen Stand der ökonomischen Entwicklung und von Unterschieden, die der jeweils bestehenden Gestaltung des Rechtssystems und Normenmaterials geschuldet sind, gibt es eine Vielfalt weiterer Unterschiede, die unter den genannten Kriterien als zufällig zu gelten haben. Sie betreffen z. B. eine verschiedenartige Auswahl dessen, was ausführlich normiert und was nur einer knappen oder keiner Regelung unterzogen, was mit höherem oder geringerem Abstraktionsgrad erfaßt und nach welchen Kriterien abstrahiert wird. Derartige Unterschiede finden sich keineswegs nur zwischen dem vorliegenden Entwurf unseres Zivilgesetzbuches und Kodifikationen anderer sozialistischer Länder, vielmehr auch im Verhältnis der zivilrechtlichen Kodifikationen anderer sozialistischer Staaten untereinander. Die Unterschiede sind also keine Besonderheit zwischen unserer und den anderen sozialistischen Kodifikationen des Zivilrechts.

Ein systematischer Abbau derartiger Verschiedenheiten durch schrittweise Abstimmung und Harmonisierung wird nur durch eine gezielte, gemeinsame, langfristig geplante theoretische und die Praxis in allen sozialistischen Staaten und deren Erfahrungen verwertende Zusammenarbeit zu erreichen sein, sicher nicht durch die schematische Rezeption eines der bestehenden Rechtssysteme.

Eine eingehendere Analyse ergibt – und das muß bei der Bewertung der Unterschiede und der Frage der Dringlichkeit ihrer Überwindung zuerst beachtet werden –, daß die genannten Unterschiede weit weniger Gewicht haben als die bereits bestehenden Gemeinsamkeiten rechtlicher Grundprinzipien und rechtlicher Regelung.

Dies gilt selbst für die am offenkundigsten in Erscheinung tretenden Unterschiede der Verselbständigung des Wirtschaftsrechts in den Gesetzgebungen der CSSR und der DDR sowie in gesetzgeberischen Vorarbeiten in der UdSSR gegenüber seiner strukturellen Integration in das Zivilrecht in anderen Kodifikationen.

Diese Verschiedenheiten in der strukturellen Einordnung der gesetzlichen Regelung sind jedoch nicht das Wesentliche. Eine sachliche Analyse ergibt, daß beide strukturellen Varianten in ihrer praktischen Anwendung bei der Wirtschaftsreform zu politisch und ökonomisch wesentlich übereinstimmenden Ergebnissen in der Sowjetunion, in der DDR und in anderen sozialistischen Ländern führen. Soweit diese Ergebnisse im einzelnen Verschiedenheiten aufweisen, resultieren sie nicht aus einer unterschiedlichen Systematisierung der Normen.

Die Übereinstimmung der politischen und ökonomischen Grundlagen, der Grundzüge der sozialistischen Demokratie, des Klassencharakters der Rechtsordnungen, der rechtlichen Verankerung des sozialistischen Eigentums und seiner Stellung, der Prinzipien der Planung und Leitung der Volkswirtschaften und der politischen, ökonomischen und rechtspolitischen Zielsetzungen bewirken entscheidende Gemeinsamkeiten der rechtlichen Regelungen. Diese Gemeinsamkeiten im sozialistischen Charakter und in der Funktion der Rechtsordnungen setzen sich trotz aller zum Teil gebotenen, zum Teil auch zufälligen Varianten der normativen Ausgestaltung doch auf die eine oder andere Weise, in der einen oder anderen strukturellen Form bis ins Detail der Einzelregelung durch.

Eine vergleichende Untersuchung sozialistischer Rechtsordnungen, die sich nicht in rechtlichen Formen verfängt, die nicht strukturelle Übereinstimmungen und Verschiedenheiten für das Wesentliche nimmt, stößt in jedem Fall auch auf Unterschiede der Regelung, die erheblichen Verschiedenheiten in den geregelten Rechtsbeziehungen entsprechen. Solche Unterschiede zeigen sich z. B. in Besonderheiten, wie sie durch die Nationalisierung des Bodens in der Sowjetunion bedingt sind oder in der Regelung von Rechtsverhältnissen, die mit dem Wohnungseigentum zusammenhängen, einem Rechtsinstitut, das nur in einzelnen sozialistischen Ländern (so in Ungarn, in Bulgarien und in der CSSR) existiert. Diese Besonderheiten sind jedoch nicht auf unterschiedliche Strukturen der Gesetzgebung zurückzuführen oder auf Gliederungen der Rechtszweige. Im übrigen liegen jedoch die Verschiedenheiten vorzugsweise im strukturellen, im formellen, im sprachlichen Bereich, in der Fassung der Normen begründet, nicht in ihrer Funktion und in ihren Inhalten.

In diesem Zusammenhang muß zugleich darauf hingewiesen werden, daß trotz aller notwendigen Bemühungen, bestimmte Regelungsbereiche, z. B. des Verkehrsrechts oder des internationalen Wirtschaftsrechts, auch in der formellen Ausgestaltung der einzelnen Normen und Rechtsbegriffe zu harmonisieren und zu vereinheitlichen, die historische Aufgabe einer planmäßigen Abstimmung der sozialistischen Rechtsordnungen, als inhaltlicher, als politischer Prozess verstanden werden muß, der zu allererst den Inhalt und die Funktion der Regelungen, erst in zweiter Linie ihre strukturelle Ausgestaltung betrifft. Hierbei sind wir bedingt durch die Übereinstimmung der Grundlagen der Politik und Wirtschaft und die genannten Gemeinsamkeiten schon viel weiter vorangeschritten als dies in den rechtlichen Strukturen in Erscheinung tritt. Dennoch braucht dieser Prozeß weiterhin seine Zeit und seine geplanten Aktivitäten.

Mit dem neuen Zivilgesetzbuch kommen wir einen erheblichen Schritt bei der Harmonisierung der sozialistischen Rechtsordnungen voran, denn bei der Erarbeitung dieser Kodifikation, bei allen Beratungen wurden die Regelungen anderer sozialistischer Staaten vergleichend herangezogen und die dort gewählten Lösungen wurden bei den gesetzgeberischen Überlegungen verwertet. Diese vergleichende Tätigkeit erwies sich bei der Vorbereitung des vorliegenden Entwurfs als äußerst fruchtbar.

Wenn dieses Gesetzeswerk auch den Charakter einer eigenständigen Kodifikation trägt, beruht es dennoch in einem weit größeren Umfang als dies bei einem Struktur- und Formenvergleich sichtbar wird, auf Erkenntnissen, die durch Analysen und Auswertung der Regelungen und Erfahrungen der Sowjetunion wie der anderen sozialistischen Staaten gewonnen worden sind.

Bei Fragen zur Produktsicherheit wenden Sie sich bitte an:
If you have any questions regarding product safety,
please contact:

Walter de Gruyter GmbH
Genthiner Straße 13
10785 Berlin
productsafety@degruyterbrill.com